営業マンは「商品」を売るな！

加賀田 晃
Kagata Akira

サンマーク出版

プロの営業マンとは、
どんなやつのことをいうのか？
それは

好感のもてる熱心な営業マン

のことである。
この感じよさと熱心さがあれば、〝天下無敵〟
この世に売れないものは、何一つない！

はじめに

この本を手にお取りいただいたあなたに感謝いたします。

おかげさまで、私の初の著書『営業マンは「お願い」するな！』（サンマーク出版）が、思いのほかの好評をいただきました。

海外でも翻訳出版されるとのよし、その報に驚くとともに、いたく感激しております。

たくさんのお手紙やお電話もいただきました。

もっとも多かったお声は、

営業に自信がもてるようになった――。

売ることの後ろめたさがなくなった――。
営業とは、人を幸福にするすばらしい仕事だと気づかされた――。

企業様からは、
この本を全員に配りました――。
毎朝ロールプレイングをしています――。
読書会を開いています――。

果ては、特別熱心な方からは、カバン持ちになりたいので雇ってほしい。自宅まで行きたいので住所を教えてくれなどなど……。

ブタもおだてりゃ木に登る、と申しますが、私は先のようなことから、とっくの昔に木のてっぺんのさらにてっぺんまで登り詰めておりまして、「第二弾はいつごろ出るのか？」という問い合わせが、二、三件も相次いだあたりから、**「よし、この際日本の断られつづける営業マンを、好感をもたれ売れまくる営業マンに変えてやろう！」**

という、だいそれた構想のもと、ペンという剣を持って、第二弾に立ち向かおうとしたのですが、そこでハタッ、と制止！

すでに二十万人以上の方にお読みいただいている第一弾の続編として書くのなら、はじめての方には理解困難かもしれない。はじめての方を前提とするのなら、第一弾とかぶる記述が多くなる……。

さて、どうしたものか……？

悩み抜いたすえ、その折衷をとらせていただくこととしました。つまり、続編にもなりうるが、はじめての方にもお役立ていただけるという、欲張ったような、その分味が薄くなったような……。

しかし、**あなたの広いお心と咀嚼《そしやく》力で、どの章も、どのページも、そのとおり思い込んで実践いただければ、間違いなく業績は跳ね上がり、いまだかつて見たことのない〝桃源郷〟へと続く、サクセスストーリーが、大きく開かれんことをお約束いた**

したいと思います。

さあ――扉を、押してください――。

加賀田　晃

目次

第2章　お客に最大限の「愛」と敬意を払う——礼儀編

第3章 「話し方」次第で契約できるかどうかが決まる――話し方編

第4章 〝性弱説〟から生まれた「売れる原因」「売れない原因」

装丁●渡辺弘之
本文組版●アートマン
編集協力●コンセプト21／逍遙舎
編集●黒川可奈子(サンマーク出版)

◆◆◆ 第1章 ◆◆◆

営業マンに必要なのは「愛」と「情熱」である

営業の神様・加賀田晃の師匠とは？

私が受講生たちから質問を受けて、もっとも返答に窮するのは、「先生は最初から売れたんですか？」「師匠はいるんですか？」と、問われたときです。

聞かれたからには、答えざるをえない。

しかし、そのまんま、勤めた十七社とも一軒目から売れて、毎日一番で、毎日、毎週ほとんど一〇〇％の確率で売りました、と答えたらひんしゅくもの、夜道もおちおち歩けない……。

師匠についても、営業を始めて一社目では、上司の仕事を午前中だけ見学させていただきましたが、上司は一軒も売れず。午後は一人で回りまして、九軒訪問して九軒売りましたので、師匠と呼べる人は別に……と答えたら、今度は包丁が飛んでくるでしょう。

最初にお断りしておきたいと思いますが、私は現役時代、自分はすごいとか特別だとか思ったこともなく、ましてや、自分の売れている原因についてそれを分析したり、人に話したこともありませんでした。

ただ思っていたことは、**「この商品はいい商品だ。この商品は絶対に売れる!」**ということと、**「おれは一生懸命やっているから売れてるんだ!」**ということぐらいでした。それが、企業研修を始めてからさまざまな質問を浴びせられて、急遽《きゅうきょ》、その場で過去を振り返って、はじめて自身の足跡に気づかされました。

あえて申しますと、思い当たる私の「師匠」は小学生のときに読んだ漫画の本であり、新聞配達をしながらの新聞の勧誘であり、学校の先生から聞いた話であり、破れた初恋でしょうか……。

まずはそのへんのところからお話を始めたいと思います。

私の師匠① 泥棒の漫画

小学生のころに読んだ漫画の本で、こんな話があった。

あるとき仲よし三人グループの少年たちが、自分たちの遊び場で話し合った。「大きくなったら何になりたい？」一人は医者に、もう一人は警官と答えたが、もう一人は「わかんない……」と答えた。

時は流れ、ある町で殺人事件が起きた。

殺されたのは医者で、殺したのは泥棒に入った男で、それを警官が捕まえてみると、何とその三名はあのときの三人組だった、という話である。

その漫画を読んで強く思ったのは、**人間、なりたいという夢があったらそうなれるものなんだなあ、何の目標もないやつは、ろくでもない結末を迎えるんだなあ、ようし！　おれも夢をもとう――！**

私の師匠②　新聞配達と新聞勧誘

「お願いだから働いて……」と母から懇願されて、小学校三、四年生ごろから新聞配達を始めました。

ある日、「坊主、おまえのとこはどこ新聞や？　あしたからうちに入れてくれ」と言われたので、配達所の店主にそれを告げたところ、「そうか、そうか」とたいそう喜んで、当時いちばんうれしかった映画の招待券を一枚いただいた。天にも昇る思いだった……。

翌朝から新聞を配りながら、出会う人すべてに声をかけた。

「おばちゃんとこは何新聞ですか？　よかったら○○新聞とってください！」

「うん、いいよ……」

毎日のように注文がとれて、映画の招待券、傘、長靴、カッパ、いろいろなものをいただいた。

あとになって考えてみると、これが私にとっての、「営業」の始まりだったのかもしれません……。

その新聞を配りながら、ある家の中にテレビがあるのを見て、私は腰を抜かした。最初に見たのは歌手だったが、番組に関係なく私は配達先にテレビを発見しては釘《くぎ》づけになりました。

ある日のこと、外国人が映っていた。大人のインタビュアーが、公園らしきところで少女にマイクを向けた。

「大きくなったら何になりたいですか？」

私は食い入るように少女の返事を待った。

少女は答えた。

「大きくなったら、自分の意見をもった大人になりたいです」

私は仰天した。お姫様になりたいとか、歌手になりたいとかを予想したのに、「自分の意見をもった大人になりたい」外国の女の子はすごいことを言うんだな。**そうか、自分の意見か、自分の考えか……。**

私の師匠③　学校の先生から聞いた格言

さらに、学校の先生が言った**「欠くべからざる人になれ」**この言葉のパンチも効きました！

この「欠くべからざる」という意味は、欠けては困るという意味で、人間にもいてもらわないと困る人、いてもいなくてもどっちでもいい人、いないほうがいい人がいる。だれからも必要とされる「欠くべからざる人」になれ――。

いないほうがいいとか、どっちでもいいと思われるのは屈辱でしかない。

よし！　だれからも必要とされる欠くべからざる人間になろう、おのが心に言い聞かせた――。


小学校の何年生のときだったか、「自ら反《かえり》みて縮《なお》くんば、千万人と雖《いえど》も、吾《われ》往《ゆ》かん」この言葉にもしびれました。

自分で正しいと思ったことは、千万人が反対しても、自分を貫き通せ、という意味だと教えられ、私はそのような偏屈者になった――。

初恋から学んだ、「物事の手順」

小学生のときの、極めつきの教訓は私の「初恋物語」だった――。

それは、小学校六年生のときでした。

好きな女の子がいました。相手はけっして美人タイプではなく、体型も標準をいくらか超えている子でしたが、料亭の娘さんで、いつもほほえみをたやさない、私にはやさしい子でした。

ある日、勇気ある行動、ラブレターを書きました。「今度の日曜日に、公園で待ってます。○時に来てください」と。彼女が席を立ったときを狙《ねら》って机に放り込みました。彼女と二人きりで会えると思うと、もう、アドレナリン全開！　幸せ満開！　コケコッコー！　わが家のニワトリと同時に布団から抜け出し、朝ご飯もそこそこに公園まで一目散に……。

ところが、彼女は待てど暮らせど、現れない。陽《ひ》は徐々にかげる。途中から雨が降る――。でも、ひょっとして遅れてくるかもしれないと思って、濡《ぬ》れ鼠《ねずみ》のまま、そこに何時間も立ち尽くした――。

彼女は、とうとう来なかった。

その夜から、私の徘徊癖《はいかいへき》が始まった。ズボンのポケットに両手を突っ込み、石を蹴《け》飛《と》ばしながら、ときには涙して、何百回、何千回と失恋の歌をうたったことでしょう。そして、自問自答をどれほど繰り返したことでしょう。

彼女はなぜ来なかったのかな……。

もともと僕が嫌いだったのかな……。

それとも、親に無理やり引きとめられたのかな……。

もともとほかの用事があったのかな……。

なんでかな、なんでかな……。

作家の石川達三だったであろうか、ある人がある本にこんなふうに書いていた。大きな悩みにぶち負かされたことのない人間など、何の役にも立たぬ――。私はまさに完全にぶち負かされた。息もできぬほど胸が締めつけられ、ときには布団をかぶって夜泣きし、失恋という地獄のふちでもがきのたうちまわった。

そして、長い時間を要して、ようやく教訓にたどりついた。

彼女が来なかったわけは、私が唐突すぎた、ということだった。相手の気持ちも都合も聞かずに「公園で○時に待ってます。来てください」と言ったのは、私の身勝手で、一方的すぎた。私が悪かったということだった……。


人生はゲームによくたとえられます。私は、初恋という初戦で完膚なきまで打ちのめされたが、失敗はいつの場合も次のゲームの教訓となる。このことがあって以降、私はよくいえば慎重に、悪くいえば臆病《おくびょう》になった。

つまり、**手順を踏むようになったのです。**

まず話をしてみて、相手が乗ってきたら次の段階に進む。乗ってこなかったら、それとなく気を引く言葉、誘い水をかけてみる。それで乗ってくればよし、乗ってこなかったらまた別の角度から攻める。いずれにしても、乗ってくるまでは次に進まないのだから、失敗のしようがない。

そしてなおかつ、最後の「クロージング」も、「ドライブに行こう」とか「デートしよう」というような直接表現をけっして使わず、相手に言わせるように仕向けるか、たとえ話のようにして二者択一の問いかけをする。

たとえばこんなふうに……。

「○○ちゃんは海と山ならどっちが好き？」とか「もしもここに打出の小槌《こづち》があって、好きなものを一つあげると言われたら、何が欲しい？」とか……。

えっ？　その後の勝敗ですか？　私が逆にお尋ねします。これで失敗することがあると思いますか？

営業の場合もまったく同じことで、慎重者、いえ臆病者の私は、お客と会うやいなや、すぐさまカタログを取り出して商品説明をするなんて無謀なことを絶対にしない。すぐに商品説明に入るということは「公園で待ってます」と唐突に切り出すのと同様、身の毛もよだつほど恐ろしいことです。もちろん話し終えてから、「いかがでしょうか？」と購買の意思を確認することも絶対にない。

恋のゲームも営業での心理ゲームもまったく同様で、断られないためには、相手の意思、つまり「イエス」か「ノー」かを絶対に確認しないことです。

それでは具体的に、どう考え、どう話し、どういう手順を踏めば、相手はこちらの意のままになるのか、順を追ってご説明いたしましょう――。

営業マンは商品を売る前に自分を売れ！

「商品を売る前に自分を売れ！」

だれが最初に言い出したのか、右の言葉は誠に言いえて妙。わが家にも年がら年中営業マンはやってきますが、百人中、九十九人の営業マンに対しては、その営業マンが何屋さんであるかに関係なく、私は瞬時に断ります。

断る理由はただ一つ、その営業マンの外見、表情、ものの言い方、態度、人柄などにまったく共鳴できない。つまり好感がもてない。「プラス波動」が感じられないからです。

逆に、「マイナス波動」は会った瞬間の数秒で、山ほどに伝わってくる。いわく、だらしのない服装、疫病神のような暗い表情、覇気のない話し方、節度のない態度などなど……。

われわれ人間は、一様に感情の動物です。

欲しい品を求めてこちらから商店に足を運んだ場合でも、相手を不快に感じることがあれば、たちまち買う気は失せるのに、いわんや、向こうから訪ねてきたとなったらなおのこと、そんな疫病神のような営業マンの話などは聞きたくもありません。

営業マンたるもの、人と接することが職業ならば、売らんとする商品や売るためのテクニック以前に、人としてけっして相手を不快にしないように留意することです。

私はたとえ一回でも断られたくない。一回でも断られたら落ち込む、フィーリングも狂う。自信もなくなる。一回でも負けたら負け癖がつくかもしれない。だから一回でも断られることがどうしようもなく恐ろしい。

そういう意味では、やはり私は人一倍、いや人百倍臆病なのかもしれません。だから一回でも、万が一にも断られないように、ありとあらゆる考えられるすべての最善を尽くす——。

相手を不快にさせない服装、スタンバイ、礼儀とは?

まず服装については、**最大公約数の人が瞬時に「感じがいい」と思う、清潔をモットーとした質素な服装が大原則**（仕事着にブランドもの、そのほか高価な装身具は言語道断、人を不快にする）。

スーツはシングルの紺色、ワイシャツは無地の白、ネクタイも紺。ベルト、カバンも飾り気のない黒。ズボンの折り目は毎日入れる。靴も毎日磨く。ワイシャツも毎日着替える。髪は裾《すそ》を刈り上げる。もみ上げは短めに——。

何も、そこまでしなくても……とあなたは思いますか?

次に、初対面のお客と会った瞬間の表情、話し方、声の張りなどについて。最高にいい姿勢、いい顔、いい笑顔、いい声で話せるように、念入りに「スタンバイ」（前著『営業マンは「お願い」するな！』で詳しく述べたので、ここでは割愛させていただきます）を行い、乗ってきた、燃えてきたと思ったら即、訪問開始！

もしも、まだノリが足りんなあ〜、気合いが足りんなあ〜、と思ったときは、その状態で戦っても討ち死にするのが関の山。

テンションが沸点に達するまでは、岩をも砕かんがごとく気合いが入るまでは、スタンバイを続行する――。

さらに、人と接する仕事の中で、これ以上大事なことはない。それは「相手を敬う礼儀」です。

相手の性別、年齢、立場に関係なく、私は最敬礼の最敬礼、くそ丁寧なほどきっちりお辞儀をする。つまり、自分の体が直角に曲がるまで、「ボキッ！」と九〇度腰を折る――。

ここまでを完璧《かんぺき》に実行できたら、その人はその日から〝奇跡〟を見るでしょう。いままでの契約率が五％だった。一〇％だった。二〇％だったという人が、突如として五〇％、いやそれ以上に跳ね上がるかもしれない……。

営業マンは「愛」と「情熱」がすべてである

「商品を売る前に自分を売れ！」の「自分」とは、言い換えるならば「人間の価値」だといっても誤りではないと思います。人に「プラス波動」を送る人間の価値とは「愛」と「情熱」があることにほかなりません。

だれをも思いやる愛、何事も一生懸命やり遂げようとする情熱、それ以上価値のあるものがこの世に存在するでしょうか。

本来営業マンの使命とは、その商品を販売することでお客をより幸福にしてさしあげるという、この上なく尊い仕事であるのに、人のことは歯牙《しが》にもかけず、自分の利益のために売ろうとするから内心やましくもあり、腰はひけ、顔は引きつり、声は口ごもり、その結果断られ、すごすごと退散する羽目になる――。

改善方法は簡単です。

すべて人生は「山びこ」であり、「相手は自分の鏡」であり、起こりうる現象はすべて自分の行いが反映された「オウム返し」であるという事実を再認識し、日ごろから、出会うすべての人、少なくとも目の前の人を、こちらから話しかけてひとときでも幸福にしてあげることです。

何を話すのか？

それは一見して**「相手が関心をもっていそうなこと」「得意に思っていそうなこと」にふれてあげる、心を込めて質問してあげることです。**

【実例】相手をハッピーにする会話集

たとえば、道ですれ違う見知らぬ方であっても、会社の同僚であっても、はじめて入ったお店の店員さんであっても、こんなふうに――。

・あらっ、おはようございます。お散歩ですか。足の運びが若々しいですね。どのあたり歩かれるんですか？

・あらあ〜、かわいいワンちゃんですね。男の子ですか？　女の子ですか？　ワンちゃんのいちばんかわいいところってどんなところですか？

・あらあ〜、山登りですか。いまの季節山登りは気持ちいいでしょうね。どちらの山にいまから登られるんですか？　山登りの醍醐《だいご》味《み》って何ですか？

・あらっ、お孫さんですか、かわいいですね。そっくりですね。お孫さんって、わが子よりもかわいいってよく言いますけど、やっぱりそんなもんなんですか？

・おはようございます。先輩そのネクタイえらいかっこいいですね。買われたんですか？　いくらくらいしたんですか？

・山本君、きのう一件決まったんですって、おめでとうございます。ビールがおいしかったでしょう？

・散髪行ったんですか、えらいかっこいいですね。その髪型気に入ってますでしょう？

・ラーメンください。あなた……、とっても感じいいですね。

・あなた……胴が短いですね。それってほとんど足？

・あなたえらいきれいになったね。プチ整形した？

- えらい血色いいですね。何食べてるんですか？　どんな運動してるんですか？
- あら？　また若返りましたね。何かいいことでもあったんですか？
- 失礼ですが、このお近くの方ですか？　どんなお仕事なさってるんですか？
- あなた散髪がお上手ですね。血液型何型ですか？
- ごちそうさまでした。あなたのおかげでおいしかった～！　また来ていいですか？
- あなた、もてるでしょうね。その足を見せるだけで女性たちは将棋倒しになるでしょう？
- メガネが似合いますね。それ、だてメガネですか？
- あなた姿勢がいいですね。見ていてとっても気持ちがいい。背中に棒でも入れてるんですか？
- いい笑顔ね。お友だちになりたい！
- いい笑顔ね。おかげできょうはいい一日になりそう。
- 君、顔が輝いているね、きっと将来大成するやろうね。夢は何？
- あなた雄弁ね。言葉に無駄がないね。そういう学校を出たの？

書いたらキリがないので、このへんで……。

相手に話しかけることで「羞恥心」が消え去る

そもそも沈黙からは、何も生まれてきません。ときには気まずくもあり、無味乾燥であり、テンションが下がるだけです。

それに対して、だれ彼なく気さくに話しかけるということはまず、お互いに気持ちがほぐれる。いい気分になる。ましてや会話の内容によっては、相手はえも言われぬ陶酔感に空中高く舞い上がる……。

これだけでも相手に話しかけ満たしてあげることの効用は絶大であるのに、これが営業マンとなると、その効果はさらにはかりしれません。

まず、**だれ彼なく話しかけることで、営業マンの大敵である「羞恥心《しゅうちしん》」が完全に消え去る。**

営業マンにとってもっとも必要なテンションは、果てしなく上がりつづける。

そして、営業マンが相手にしている「人間」大好き人間になることができる。

まだある。これを日常的に習慣化することができたなら、その習慣の延長で、何の緊張感もなく、相手に打ち解け、相手を満たし、契約は自動的に決まる――。

商品説明の前に「メリット」を売れ！

営業とは、広辞苑でどう表記されているのか、遅まきながら、いまはじめてひいてみた。

まず、「営業」では「営利を目的として事業をいとなむこと、また、そのいとなみ」などとあった。「セールス」では、「販売すること」とありました。

なるほど、それはそのとおりなのだが、**販売するためには、先述したふだんからの習慣づけ、身だしなみ、直前のスタンバイが必要であり、そしてお客と対面してからは、この上なく明るく、元気よく、礼儀正しく、そしていらざる「間」をあけずに、すぐさま相手の長所を発見して、相手のことを「好き～！」と思って、相手が関心をもっているであろうこと、自慢に思っているであろうことを目玉をひんむいて聞いて聞いて聞きまくってあげること……。**

ここまでをソツなくこなせたら、まず契約はほぼ決まったも同然。パーセンテージでいうのなら、五〇%から七〇%というところでしょうか。
しかし、商品説明に入るのはまだ十年早い、百年早い。

私は現在六十六歳。二十三歳から営業に身を投じたので、その間四十三年ということになります。そのうち三十九歳からは一部上場、大手、中小零細業種もさまざま、何万人もの研修に当たってきましたが、そのうち九九%の営業マンは、一分とたたぬうちから「実は、これはこういう商品でして、この商品はこうなってまして、え〜ここはこうなってまして……」と事務的な商品説明に入ります。

これが、お客のほうから買い求めに来られたのであれば話は別だが、お客が欲しているわけでもない商品、もしくは迷っている商品に対して、生気のない顔で、ボソボソと商品説明をするだけでは、まずお客のひんしゅくを買うのが落ちである。売れるどころの話ではない——。

ほとんどの営業マンは、とんでもない思い違いをしている。

それは「商品を売るのが仕事だ」という思い違いである——。

たとえば、あなたが風邪をひいたとしましょう。どうにもつらくて薬局に行ったとする。

さあ～、答えてください。薬局には何のために行ったんですか？

風邪薬を買うため。

風邪を治すための薬を買うため。

さあ～どちらでしょうか？

もしも前者ならば、「どれでもいいですから、風邪薬を一つください」と言えば、それですむことでしょう。しかし問題は風邪薬そのものではなくて、つらい風邪の症状を治すことですから、「きのうから熱が出て、くしゃみも出て、寒気もして、食欲もないんです。何かいい薬はありますか？」と尋ねるでしょう。

欲しかったのは商品そのものではなくて、「治る」という効能だったのです。

なのに、客であるあなたがどのような症状で困っているのかを尋ねもせずに、店員が「こちらのメーカーの薬は、成分が○○と○○と○○が入っています。もう一つのメーカーは、○○と○○が入っています。どちらがいいですか？」と聞いてきたとしたら、さあ、どう答えますか？

効能にはほとんどふれずに意味不明な商品説明だけをする店員から薬を買いますか？　それとも、「こいつアホや！」と思いますか？

お客はモノではなく「必要性」を求めている

もう一例あげてみましょう。

あなたが車を買いに行ったとします。

いままで乗っていた車は年式の古い、かなりガタのきた車で、馬力もなく上り坂では急にスローダウンする。燃費も悪い。トランクも狭い。今度買うときは走行距離は三万キロ以内で、予算は四十万円以内で、馬力もあって、燃費もよくて、トランクもけっこう広くて、かっこうのいい車が欲しいなと思って、さあ中古車屋さんに胸膨らませて出かけました。

お店に到着しました。車がずらりと並んでいる。ところが近くまで来た店員が、脳みそがどこかに吹っ飛んだようなふぬけ顔でこちらを見つめるだけで、何も話しかけてこなかったらどうしますか……？

もしも、もうちょっとましな店員が「これ、一五〇〇ccですよ。きょう入ったばっかりですよ。あっちのメーカーは〇〇ですよ。こっちのはスペアタイヤがついてますよ」とあなたの意向を無視して、自分の知っている商品説明の羅列を始めたら、あなたはどうしますか？

さあ〜、ここでまたあなたに質問です。あなたはこの中古車屋さんに何のために来たのですか？

車という形をした車を買うため。

走行距離三万キロ以内で、予算四十万円以内で、馬力があって、燃費もよくて、トランクも広くてかっこいい、満足のできる車を買うため。

さあ、どちらでしょうか？

もちろん後者のほうでしょう。

いつの場合も人はその「モノ」ではなくて、モノから得られる快感、効能、メリット、満足を求めてその商品を買おうとするのです。

ならば、あなたが店員だったら、営業マンだったら、相手を精いっぱい思いやる「愛」

と、極力相手の欲求を満たしてあげようとする「情熱」とで何を話すべきだと思いますか？

まずは順序として、相手の現状、抱えている問題を質問し、そのあとで希望を聞き、しかるのちに、こちらの商品がいかにその欲求を満たすのに適した商品であるかをとくと語るでしょう。

商品の構造、素材、寸法、成分、そんなことはどうでもいいんです。それは微々たる問題。

大事なのは、自分の満足、快感、プラス、メリットであって、ゴルフもゲームもスポーツも自転車も車も洋服も食事も、世の中のすべての〝モノ〟はその欲求を満たすための手段であり、モノはけっして目的にはなりえないのです。

これからは、手段である商品よりも、その目的であるメリットを、相手が骨の髄までわかるように、相手がリングにKO！　大の字になって倒れるまで、説いて説いて説きまくりませんか？

このメリットを、私は何かをするための「必要性」と呼んでいますが、その商品の必要性をとことんわからしめてから、やっとカタログを取り出して、商品説明に入ります。

ご想像いただけますでしょうか？

私が必要性をあらゆる角度から説いて、相手が腑《ふ》に落ちたのをみてとってから「そこでできましたのがこの商品なんです」と言ってカタログを出すときには、商品説明の前に相手はもうすでに「落ちて」いるんです――。

ここまでの所要時間は商品にもよりますが、おおむね十五分から三十分ほどでしょうか……。

ここまでの手順を無視して「おい加賀田、必要性を省いて商品説明だけで売ってみろ」と言われたら、私はどれほどの大枚を積まれてもお断りします。

私は、人から見れば鼻持ちならないくらいの自信家でしょうが、ここまでの手続きを省略していきなり商品説明から始めるということは「公園で待ってます。来てください」とまったく同様で、悲惨な結末を招くことになるでしょう。

あなたに提案申し上げたい。もっと慎重になりませんか？　もっと臆病になりませんか？　手順を踏みませんか？

外堀を埋め、内堀を埋め、相手のすべての退路を断ち切ってからやおら本丸（商品説明）に攻め込みませんか……？

◆◆◆ 第2章 ◆◆◆

お客に最大限の「愛」と敬意を払う

――礼儀編

礼儀作法と法律は知らないではすまされない

私は暑中見舞いや年賀状は、一枚も出さないし、返事も書かない。五十四歳までの趣味はギャンブルで、現在はバイクをぶっ飛ばすことである。

こんな私が礼儀についてうんちくを垂れる資格があるのかどうか、はなはだ怪しいことですが……。

私は揺るぎない自信をもって、世界中に宣言したい。人間としてもっとも立派な生き方とは、権力者になることでもなければ、大金持ちになることでもない。豪邸に住むことでも、高級車を乗り回すことでもない。それらはその人だけの問題であって、他人にとってはまったく無関係、無価値なことです。

たとえ掃除のおばちゃんであっても、ホテルのボーイさんでも、一般の主婦であってもいい、**もっとも価値ある人とは、〝人〟を尊び、思いやり、慈しみ、人の心をあったかくしてくれる人だと私は断じたい。**

この、人を敬う心、それを表現する言葉、立ち居振る舞いなどをひっくるめて、〝礼儀〟と称されています。

この、相手を敬う心をもった愛情あふれる人は、ちまたでは「いい人」「好ましい人」「人格者」と称賛され親しまれる。

逆に、自分のことは思いっきり愛するが、人のことは知っちゃあいない、という粗野な人は「感じの悪い人」とさげすまれ、やがてはだれからも相手にされなくなり、悲惨な晩年を送ることになるでしょう。

なぜか！

それは、ここが無人島ではないからです。

無人島なら何をしてもいい。たばこの吸い殻をそこら中に捨ててもいい。悪態をつこうがふてくされようが、だれも文句を言わない。

しかし、現実のこの世ではそうはいかない。

家には家族が、会社には仕事仲間が、お客が、プライベートでは友が、知り合いが、隣人が、そのほかどこへ行ってもだれかがいる。つまりこの世は、集団生活の場なのです。

この集団生活の人生を、お互いに心地よく生きるためには、おのずとルール、守るべき常識、礼儀というものがある。いたずらに人に損害や危害を加えないこと。社会の秩序を守ること。それぞれの本分（人間として、営業マンとして、あるいは夫、妻、親、管理職、社員などとして）を果たすための最善を尽くすこと。人を不快にする言動は慎むこと——。

こうしたルールや、道理や、礼儀を無視した場合は、その軽重によって、すぐさま制裁を受けることになります。

すなわち、それは軽蔑《けいべつ》であったり、罵倒《ばとう》であったり、冷遇であったり、家族や社会との離別であったり……。いずれも心に深い〝傷〟を負い、最悪の場合はすべて失って、〝廃人〟となる——。

その例をいくつか……。

礼儀知らずな営業マン① 塗装業者

ある日、庭掃除をしていると上下作業服の営業マンが話しかけてきました。

「お父さん、いい家やね……。どっか塗装はげてるとこない？」

親しき仲にも礼儀ありというが、初対面の親しくもない営業マンからこんなため口を聞かれると、気分があまりよろしくない。

やんわり断って一時間もたったころ、外出のため表に出てみると、先ほどの営業マンが、同僚らしき人と路上で座り込んでたばこを吸っていました。

「どうね？　注文とれたんね？」

「いいや……なかなか……」

「今月何軒決まった？」

「まだ一軒も……」

「今月も半月以上過ぎてまだゼロね？　がんばれよ！」

ここまでお読みいただいて、あなたはこの人をどう推量しますか？

この人は、どういう性格の人で、どういう姿勢で仕事をしていて、このままいけばこの人の人生はどうなるのか……。

私は、こう思いました。

「お父さん、いい家やね……」この一言は、人慣れしている、人に取り入ることに長《た》けている、という一面、この〝ため口〟は、まじめに生きている人とは思えない。

次。一時間も仕事をせずに往来で座り込んでたばこを何本も吸いつづけているということは、まず自堕落な人である。

半月たっても契約ゼロなのに平然としておられるのは、一本釣り（判断力のないお年寄りなどを狙《ねら》って、一軒の家から莫大《ばくだい》な荒稼ぎをすること）を常習としている人だろうな。

この人の行く先は、間違いなく「どつぼ」だろうな……と。

礼儀知らずな営業マン② バイク店

「ちょっと若返ってやろう」と思って、はじめてバイクの免許をとったのが五十歳に手の届くころでした。最初に買ったバイクは、当時大人気のホンダのスティード。しかし、このスティードは、四〇〇ccで、いわゆる中型バイク。信号待ちしていて、信号が「青!」になった瞬間、いつも置いてきぼりをくらう屈辱にほぞをかんでいました――。

そこで大型免許をとることを決意。ときに冬であったが、寒さなど何のその、鬼のごとく毎日教習所に通いました。

そこで、大型免許がとれたら今度はハーレーを買おうと思って、早々とハーレーのヘルメットを購入。雑誌などで購入バイクもおよそ検討をつけていた。

いよいよ免許を取得した日、天にも昇る思いで大型ポシェットに現金を詰め込んで、ハーレー店に勇んで出かけた!

しかし、だれも出てこない。四、五メートル先の店長らしき人が私の来店に気づいて振り返った。「あ～よかった！」と思ったら、「いらっしゃいませ」も言わない。「どうぞご自由にごらんください」とも言わない。私を見なかったがごとく、背を向けてしまった。

ちょっと拍子ぬけである。

それでも、私のお目当てのバイクがあったので、そのバイクに近づこうとしたところ、その無愛想な店長がそれを制止しました。

「勝手にさわらんでください！」

あなたならどうしますか？　こんな対応をされても、まだこのハーレー店にとどまりますか？　それとも他店に行きますか？

私は思い出し思い出し、別のハーレー店を二軒回りました。

その結果、ハーレーを購入する意思を完全に失いました。なぜか？　それは二店目も、その次の三店目も、みな大同小異、「横柄」だったからです。

これは一流ホテルにもよく見られる傾向。ホテルは一流だけど、接客は三流、多いものです。

考えられる原因は二つ。一つ目は、**接客も一流であるべきだという自覚がお店にも当人にも欠如しているということ。**もう一つは、**そこに勤めることで、あたかも自分も一流であると錯覚していること**でしょう……。

人を相手にする仕事でありながら、その「人」を敬わず、上から目線でお客を見下す。値踏みする。素っ気なく対応する。

あなたはこういう人を一流だと思いますか？

礼儀知らずな営業マン③　床暖房業者

ある大型ショッピングセンターの、床暖房体験コーナーで申し込みをしたところ、各地域の代理店に工事に行かせますということだった。

ある日、何の予告もなくインターフォンが鳴った。

家内が「どうする？」。

「入ってもらえ……」

四名が上がり込んできた。私は居間に座っていましたが、「おはようございます」

とも「失礼いたします」とも「上がってもいいですか」とも、何とも言わない。無言のまま、一名はあろうことか、すぐさま寝室に、もう一人は書斎に入っていった。寝室は他人には容易に見せたくないところ。書斎には私にとっての貴重品がそこここに置いてある。そんなところへ突然やってきて、「お部屋の寸法をとらせていただきたいんですが、こちらのお部屋に入ってもいいでしょうか？」と尋ねもしないで進入していく。

この強盗のような横暴さはどこから来たのか！

呆然《ぼうぜん》としていると、ただ一人背広を着ていた三十代の青年が私の前に仁王立ちになって、はじめて口を開きました。

「どこをどうしたいんですか」

話にならない。私も言葉少なに応酬した。

「帰って！」

このような不愉快な人間たちには、床暖房どころか、一刻も早く目の前から消えていただきたい――。

人間にはだれしも「プライド」がある

さていまこの三例だけを取り上げましたが、塗装業者、ハーレー店、床暖房業者のそれぞれの人は、仕事がうまくいかない原因をどのように考えていると思いますか？

たまたまきょうは相手が悪かった。原因は相手にある。

うまくいかない場合の原因は、すべて自分にある。

どちらだと思いますか？

敗者の論理というものは、相手や他人、世の中の景気、同業他社、価格、商品など、自分以外の「他」に責任があると考える。

勝者は、たとえどのような条件のなかであっても、その最悪の条件のなかで最善を尽くすのが男子の本分であり、ことが未達に終わった場合は、「至らなかった自分に責任がある」と考える。

もちろん、読者であるあなたは、前者のような愛想もこそもないマイナス思考の塊のような人ではないと思いますが、かといって、プラス思考の塊ともいえない、ということであるならば、どうですか、これからは徹底してプラス思考になりませんか？　**だれをも好きになり、だれにも話しかけ、だれをもハッピーにしてあげる。それがどれほどお互いの幸福につながるか……。**

この項の最後に、ゾロアスター教の説く名言を一つ。

「他人に善を行うのは義務ではない、歓喜である。それは行う者の健康と幸福とを増進する」

人間にはだれしも自尊の精神、いわゆる「プライド」があります。それを営業マンから軽んじられる、あるいは敬われていないと感じたなら、そんな相手にお金を払ってまで商品やサービスを買おうとは思わないでしょう。

営業マンが相手を敬わずに不快感を与えたら、そこでジ・エンドなんです。

万が一すぐさま断られないにしても、相手は馬耳東風、真剣に話を聞こうとはしないでしょう。

そこで、何よりも大事な礼儀、具体的にどうすればいいのか、礼儀の大原則四項目から順を追って考えてみましょう――。

礼儀の大原則(一) けっして相手を否定しない

先ほども述べたように、人間にはプライドがあります。

このプライドというのは実にやっかいで、たった一言カチンときただけで離婚に至ったり、相手を敵視するようになったり、ときには殺し合いや戦争に発展することさえあります。

夫婦や国家同士でさえプライドを傷つけることはタブーなのに、赤の他人である営業マンがこれをやったら、どうなるのか……。

では、人はどういうときにプライドを傷つけられるかといえば、それは自分の言動を否定されたときです。

だから**営業マンは、けっしてお客に「それは違う」と言ってはならないし、議論にも勝とうとしてはいけない。**

どうしても言いたいことがあるならば、「イエス・バット」すなわち相手を認めたうえでこちらの言い分を伝えるように心がけましょう。

礼儀の大原則（二）　一度に二つ以上のことをしてはならない

たとえば、歩きながら「おはようございます」、カバンを置きながら「こんにちは」、扉を開けながら「失礼いたします」――あなたも心当たりはないですか？

一度に二つ以上の動作をするということは、何かのついでということですよね。無礼であるのみならず、見た目もだらしなく、みっともない印象を与えます。

扉を開けるなら開けてから挨拶《あいさつ》をする。

それが営業マンのあるべき姿です。

ためしに家族か同僚に頼んで、扉を開けながら挨拶するのと、扉を開け終わってからあらためて挨拶するのを見比べてごらんなさい。前者はどことなくいいかげん、後者はきちんとしていて立派な印象を受けるはずです。

礼儀の大原則（三）　何をする場合も黙ってしてはならない

部屋に入るとき、椅子に座るとき、名刺を渡すとき、商品を見せるとき——**どんなシーンであれ、黙ってそれをやるのはマナー違反です。**

先の床暖房業者もそうですね。

お客の家に黙って上がり込み、黙って寝室に入り、黙って床を測り出す。非常に不愉快でしょう。

自分は大丈夫と思っている方も、きっと無意識にやっていますよ。お客から「カタログ見せて」と言われて無言で渡したり、商談室に案内されて「失礼いたします」も言わずに足を踏み入れたり……。

何かをするとき必ず一言添えるというのは、意識していないとつい忘れてしまうものです。

食事をするときは、だれが見ていなくても「いただきます」と言う。

レストランで料理を運んでもらったら「どうも～」くらいは言う。

タクシーを降りるときも一言お礼を述べる。

そうすればお客の前に出たときも、自然とふさわしい一言が出てきます。

礼儀の大原則（四）　すべての動作の移り目に〇・一秒の静止

たとえば名刺交換をするとき、こちらが名刺を取り出したとたん、ひったくるように受け取る人がいますね。

自分はまだ名刺から手を離そうと思っていないのに、性急に名刺をもぎ取られたら、だれだって不快になります。

あるいは商談室に通されるとき、扉を開けて、「失礼いたします」と挨拶をして、扉を閉めて、テーブルに向かう——同時に二つのことをしていなくても、これらの動作を区切りなく行うと、どことなくいいかげんな、粗雑な印象を与えます。

だから**何か動作をするときは、その移り目に必ず〇・一秒静止すること。**

名刺を受け取るときは、相手が差し出したあと〇・一秒待ってからスッと引く。

扉を開けたら〇・一秒止まって挨拶、挨拶をしたら〇・一秒止まって扉を閉める。

お辞儀をするときも、すぐに頭を上げずに〇・一秒ピタッと静止。
これだけで一つひとつの動作が上品に、美しく、礼儀正しく映ります。

礼儀作法の実践編（一）　企業訪問から挨拶まで

ここからは、礼儀の四大原則を営業の場でどのように実践すればいいのか、シーン別に説明していきます。

まずは企業や店舗を訪問した場合の礼儀作法です。

大原則でもふれたように、**他人のテリトリーに黙って入ってはいけません。**受付係が不在だったり、店主が奥に引っ込んでいることもあるでしょうが、人がいる、いないにかかわらず、大きな声で「失礼いたします！」と声をかけてから入りましょう。

次に、いちばん近くにいる方に向かって約二メートルの距離まで歩み寄ります。入り口のあたりから、「あ、失礼いたします、私ですね、〇〇商事と申しますけど……」とやるのは失礼だし、距離が遠いと相手も話を聞く気になりません。

最寄りの方に歩み寄るときは、人さまの会社にお邪魔しているのだから、胸を反ったりせずに、ややうつむきかげんで控えめな感じで歩く。

およそ二メートルの距離まで近づいたら、ここではじめて挨拶と自己紹介。用件を簡潔に述べて、決定権者はどちらにいらっしゃるかうかがいます。

なお、受付係から「こちらでお待ちください」とソファなどを示された場合は座って待ってもかまいませんが（もちろんお礼の言葉は忘れずに！）、相手が近づいてきたらすみやかに立ち上がりましょう。

礼儀作法の実践編（二）　お客が感動するドアの開け方、閉め方

企業訪問では、足を踏み入れた瞬間から退出するまで、一挙手一投足を厳しい目で見られていると思ってください。

扉の開閉一つとっても、この上なく礼儀正しくできればお客は感動するし、それができなければ「礼儀を知らないやつだな」と軽んじられます。

それなのにほとんどの営業マンは、どうやって扉を開け、どのように扉を閉めるべきかを知らない……。

もっともダメな例では、扉を半分だけ開けて、おずおずと中をのぞく。あるいは扉の敷居をまたいで体半分だけ部屋に入り、その中途半端な状態で「あの、私○○ですけど……」と自己紹介を始める。

どちらも非常に感じが悪いし、こんな**自信なさげな営業マンと話をしたいと思うお客など、いるはずがない！**

部屋に入ったあと、扉を後ろ手で閉めるのもマナー違反です。いわんや扉を閉める手を途中で離し、バタンと音をたてるなど論外です。

扉を開閉するときは礼儀の大原則（二）～（四）を強く意識しながら、次のとおりに行動しましょう。

一、コンコンと二、三回ノックしてから扉を開ける。

二、右手でドアノブを押さえながら一歩室内に入る。

三、そのまま直立不動で「失礼いたします！」と言って一礼！　○・一秒静止。
四、冷静に扉のほうに向き直り、両手もしくは右手で丁寧に扉を閉めて○・一秒静止。
五、振り向いて軽く一礼し、ややうつむきかげんに最寄りの方のところに歩んで行く。

これが完璧《かんぺき》にできれば、相手は部屋の中が会議中だろうがなんだろうが、すごいやつが来たぞと度肝を抜かれて、抵抗力を失います。

礼儀作法の実践編（三）　美しい名刺の渡し方、もらい方、扱い方

商談室などに通されて決定権者に会ったなら、ふたたび挨拶と自己紹介を行い、用件を簡潔に述べたうえで名刺交換となります。ここで問われるのは、名刺交換の仕方です。

名刺交換にはいくつかポイントがあります。

まずは「私、○○社の○○と申します」と言いながら、名刺入れに手をかけて、流れるように名刺を取り出すこと。名乗りを上げてからあわてて名刺入れを探すのはダ

サいし、もたもたと手際が悪い印象を与えます。

名刺の受け渡しは、必ず両手で行います。

同等の立場同士なら片手で渡して片手で受け取ってもかまいませんが、お客は営業マンからすれば目上の立場ですから、必ず「どうぞよろしくお願いいたします」と言って両手で渡し、「いただきます」と言って両手で受け取りましょう。

名刺をお渡しするときは、美しい〝気をつけ〟の状態で、相手が名刺を取りやすいように半歩前に進み、手と頭を同時に下げる。

これを折り目正しくやったら、相手は卒倒します。

たいていの人はここまで丁寧に名刺を渡された経験はありませんから、この光景を夢にまで見るでしょう。

もちろん名刺を受け取るときも、同じように〝気をつけ〟の姿勢から手と頭を同時に下げて、「ありがとうございます！」と感謝の言葉を添えてちょうだいします。

まれに、こちらが名刺を出しても名刺をいただけないことがあります。この場合は、名刺を請求しても失礼にはあたりません。目下の者から自己紹介をして名刺を渡し、筋を通した以上、それにこたえるのはビジネスマンとしてのマナーだからです。

「おそれいります、社長様の名刺を一枚いただいてもよろしいでしょうか」と丁寧にお願いすれば、どんな社長でも名刺を出してくれます。

もらった名刺は、商談がすべて終わって立ち上がる瞬間まで、机の上の見えるところに置いておきましょう。

これは商談中、相手の名前や会社名を間違えないようにするためです。忘れそうになったらチラッと見る――そのための保険です。

置き方も大切です。名刺は相手そのものなので、ひん曲がった状態で置いておくのは無礼千万、机のふちと平行になるよう真っすぐに置かなければなりません。

名刺を名刺入れにしまうのは、すべての商談が終わって「ではそういうことで、よろしくお願いいたします」と言って立ち上がるときです。もうそろそろ商談が終わるだろうなと思っても、絶対に途中で片づけてはいけません。まだ聞きたいことがあるのに、こいつはもう終わる支度をしとるのか……と、相手に不快感を与えてしまいかねません。

礼儀作法の実践編（四）　営業マンが「座る位置」と「座り方」

ここからは、訪問先の会社で商談室や応接室に通されたときの「座る位置」と「座り方」を説明します。

基本中の基本ですが、営業マンは必ず「下座」に座ります。たとえ案内してくれた方が「あちらへどうぞ」と上座を示してくれても、絶対に腰をおろしてはいけません。

先方も礼儀として、せっかく来てくれたのだから上座に座ってもらおうと気を使ってくれたのでしょうが、それでもなお「いいえ、こちらでけっこうです」と丁寧に断り、下座に着くのが営業マンの礼儀です。

では、あなたは上座・下座の区別がわかりますか？

営業マンたるもの、それくらいは正確に知っておくこと。**何度も言いますが、知らないではすまされないのが礼儀作法なのです。**

上座・下座の基本は次のとおりです。

○部屋の入り口から遠いほうが上座、近いほうが下座
○入り口からの距離が同じくらいなら、壁に近いほうが上座、遠いほうが下座
○和室の場合は、床の間に近いほうが上座、遠いほうが下座
○肘《ひじ》掛け椅子とパイプ椅子なら、肘掛け椅子が上座（椅子が立派なほうが上座）
○庭があるなど、景観がよい部屋の場合、その景観に近い席が上座

これくらい押さえておけば、経験上、ほぼすべての場面で応用できると思います。

同じ条件であれば入り口から遠いほうが上座であり、椅子の種類がいくつかあるな

ら立派なほうが上座、床の間や庭など「いいもの」がある部屋ならそれに近いほうが上座、と覚えておけば、まず間違いありません。

では次に「座り方」です。

商談室に通されて相手を待つ間は、椅子に掛けず立ったまま待機します。相手が到着すれば、おそらく「どうぞ」と椅子をすすめてくれるでしょうが、黙って座ってはいけません。礼儀の大原則（三）にのっとり、必ず「ありがとうございます」とか「失礼いたします」と言ってから着席します。

このとき、絶対に深々と腰をおろしてはいけません！

深々と椅子に座り、背もたれに体をあずけようものなら、相手から不遜《ふそん》に思われます。おまけに自分自身も何となく気分がくつろいでしまい、緊張感をもって商談に臨むことができなくなります。

営業マンたるもの、座るときは椅子の半分より手前、なるべくギリギリのところに腰掛けること。この体勢ならすぐにカタログを取り出し、身を乗り出して相手との距離を縮めて話すことができます。

礼儀作法の実践編（五）　出されたお茶はどうするか？

会社によっては、商談のときにお茶を出してくれることもあります。運んでくる人はたいてい無言でお茶を置いていきますが、相手が何も言わないからといってこちらも無言で受け取っていいわけではありません。ここでも大原則（三）を思い出し、「ありがとうございます」「おそれいります」などと感謝の言葉を述べましょう。

さて、この出されたお茶をどうするか――。

絶対にやってはいけないのは、すぐにお茶に口をつけることです。

ビジネスの世界では何事も目上が先、お茶を飲むのも例外ではありません。まずは目上である商談相手がお茶を飲み、営業マンはそれを見届けたあとでお茶に手を伸ばします。

お客だけ、つまり営業マンだけにお茶が出された場合は、必ず相手が「どうぞ」と言ってくれるので、お礼を述べたうえでいただけば問題ありません。

次にお茶の「飲み方」です。

ほとんどの場合、商談室に運ばれてくるお茶は、営業マンの目の前ではなく少し離れたところに置かれます。そこに手を伸ばし、体を斜めにしたままお茶を飲むのは行儀が悪く、失礼にあたります。

まずはあわてず騒がず、湯飲みを自分の前に移動させ、いったん机に置きましょう。そして「いただきます」と言って深々と一礼し、心静かにグイッ、グイッ、グイッと三口で飲み終える。飲み干したなら、また、深々と頭を下げ「ごちそうさまです」と言って湯飲みをテーブルの端に片づけ、「ところで社長様……」と商談に入る。相手はまた倒れます。相手は抵抗力を失います。

これが、話しながらチョビチョビ飲んでいたらどうか？

お酒じゃあるまいし、みっともないことこの上ない。第一、机の上に湯飲みがあっ

てはカタログや資料を広げるときに邪魔になってしまうがないでしょう。

万が一、お茶が熱くて三口で飲み干せないようなら、全部飲まなくてもかまいません。残っていてもいいから三口で飲むのをやめ、「ごちそうさまでした」と言って机のいちばん端に湯飲みを置く。そして「ところで社長様！」と一気呵成《かせい》に戦闘の火ぶたを切る……。

ルートセールスでも手抜きは禁物

ここまでは企業を初訪問する際の作法を紹介してきましたが、二回目、三回目の訪問であっても基本は変わりません。

たとえ相手と顔見知りになっていたとしても、「おはようございま～す」なんてなれなれしく声をかけたり、挨拶もそこそこに商品説明を始めたりするのはご法度です。

ルートセールスでとくに気をつけたいのは、商談に入る前に「先日はお手数をおかけいたしました」「ありがとうございました」など、必ず前回のお礼を述べることから始めることです。

このほか二回目以降の訪問時には、相手の「変化」にも気を配らなければなりません。一週間ぶりであれ一か月ぶりであれ、相手の洋服やネクタイ、髪型など何かしら変化があるはずですから、そこに気づき、話題にのせ、いろいろと質問してあげるのも営業マンとしての礼儀といえます。

営業マンは「雑談」をするな！

多くの会社では、営業マンに「雑談」を推奨しています。

法人営業だろうがダイレクト営業だろうが、お客との会話に困ったら「裏木戸に立てかけさせし衣食住」――すなわちウラ（裏話）、キ（気候）、ド（道楽）、ニ（ニュース）、タ（旅）、テ（天気）、カ（家庭）、ケ（景気）、サ（酒）、セ（生活）、シ（趣味）と衣食住などを話題にすればいいと教えています。

バカバカしいことこの上ないっ！

こんな話をしていったい何の役に立つというのでしょう。ましてや商談相手は社長なりバイヤーなりの決定権者であり、忙しいなか時間を割いて営業マンに会っているのです。それなのに営業マンが最近の世相とか天気の話を始めたら、相手はどう思うでしょう？

私は雑談ほど不謹慎なものはないと考えています。

コミュニケーションの基本は、相手の気分を心地よくしてあげることです。ひとときでも気持ちをなごませ、いやしてあげるのがほんとうの人間関係です。それなのに世の営業マンは「部長さん、きょうも蒸しますね、このところ雨が続きますね」なんて愚にもつかない雑談ばかり。そんな話をしても相手はちっともいい気分になりません。だらけるだけ、バカにされるのが落ち……。

商談相手に電話がかかってきたらどうするか？

本章ではここまで、一般的な営業の流れに沿って営業マンとしての礼儀作法を説いてきました。しかし実際には、訪問先でイレギュラーな事態が発生することもめずらしくありません。

たとえば商談相手に電話がかかってきた、店舗にお客さんが来た、一般家庭であれば家の奥からおばあちゃんが出てきた……。

そんなとき、営業マンはどう振る舞えば無礼にならないのか？

もっといえば、どうすればこの非常事態をプラスに利用できるのか？

そのとっておきの方法をご紹介します。


まずは相手に電話がかかってきたときの対応策です。

さあこれからが本番だというときに、相手のふところの携帯電話が鳴り出した。

このシチュエーションでぼーっと黙っていたら、「ごめん、ちょっといまから電話に出るから、悪いけどまたにしてくれる」などと簡単に断られてしまいます。

こんなときは先手必勝！

相手がしゃべる前にこちらがパッと立ち上がり、「どうぞ、お出になってください」と言って部屋の隅にサッと移動するのです。

なぜだかわかりますか？

あなたがその場に座りつづけていたら、電話の会話が聞こえてしまいますよね。聞くつもりはなかったとしても間違いなく聞こえてくる。それはとても失礼なことだし、相手も気になって電話に集中できません。

だから**営業マンは電話が鳴った瞬間に、「どうぞ〜」と言ってすぐにその場を離れること。**そうすれば相手は何となく借りができたような気持ちになって、もう「今度にして」と言い出すことはできません。それどころか「えらい気のきくやつだな」と、あらためてあなたを見直すはずです。

一般家庭で電話が鳴った場合は、もうひと工夫が必要です。

普通の家庭の場合、おそらく部屋の隅へ移動したくらいでは電話の会話は筒抜けでしょうから、「どうぞ〜」と言ったら返事も待たずに家の外へ出てしまいます。ここで相手の反応を待たないのは、断る隙《すき》を与えないためです。

しばらくしたら、「奥さん、もう終わりましたでしょうか」と再訪します。相手は電話の件で引け目を感じているから、快く耳を傾けます。

おばあちゃんの登場はチャンスと思え！

一般家庭での非常事態で多いのは、商談中に家の奥からおばあちゃんが出てくること。何のために出てくるかというと、邪魔をしにくる。

奥で聞いていたら、なんだかウチの嫁が営業マンに攻めたてられているようだから助けてやろうと思い、断るために出てくるんですね。

これも電話と同じで先手必勝、おばあちゃんが口を開く前にこう切り出しましょう。

「あらっ、おばあちゃん、いらしたんですか。おばあちゃん、お元気そうでございますね。失礼ですが、おいくつでございますか？」

これでもう、おばあちゃんは出てきた目的を瞬時に忘れます。**人間は質問されると反射的に「どう答えようか」と考え、そちらに気をとられてしまうからです。**

おばあちゃんは十中八九こう答えます。

「いくつに見える？」

これを言わせることができたら、もうあなたの勝ちは決まったも同然です。

簡単に答えてはいけませんよ。間違っていたらごめんなさい。おばあちゃんの顔や手の皮膚を見てうーんと唸《うな》り、「そうですね、おばあちゃん、間違っていたらごめんなさいね」などと言って、答えると見せかけてはまた顔や手に視線を戻し……。

とにかくじらしにじらして、相手が耳をそばだてて身を乗り出してきたら、はじめてそこで「うーん、ろ、ろ、六十一ッ！」と、思いっきり若く言ってあげましょう。これはお世辞ではなくてリップサービス、十も二十も若く見積もってあげる。

おばあちゃんはビックリして、そんな若いわけないでしょうと言いながら、内心はとってもいい気分。営業マンとの距離が一気に縮まります。

そうしたら営業マンは、「ちょっとおばあちゃん、手をさわらせてくださいね」と手を取ります。

「おばあちゃん、お肌きれいですね、すべすべですね、病気もしたことないでしょう」などと言って手をさすりながら、

「おばあちゃん、どうしてこんなに手がきれいなんですか。私のおふくろなんて心臓

弁膜症、ぜんそくで皮膚なんかいっぺん押したらへこんで戻ってきません……」

こんなふうに言えば、病気に詳しいおばあちゃんは「あらっ、あなたのお母さんぜんそくね？　ちょっと待っとき」と奥に薬を取りに行きます。

かくしておばあちゃんは営業マンの味方になる――。

追い返してやろうという当初の目的は完全に忘れ、営業マンを追い返すつもりが「そうよね……こんなんがあったらいいよね……」と同意してくれるようになるのです。

なお一般家庭では「赤ちゃんが泣き出す」というトラブルもよくあります。その対処法については前著で説明しているので、ぜひご参照ください。

商店にお客が来たら、店主を手伝え

商店を訪問する際は、店に来る一般客の対応がポイントとなります。

たとえ営業マンと商談中であっても、自分の商売のお客が来れば、店主は当然そちらを優先します。

あるいはお客が来たのを口実に「これから忙しくなる時間だから帰ってくれる」と、営業マンを追い返そうとします。

もちろん、ここでも先手必勝です。

お客が来たのを察したら、瞬時に「社長、どうぞ」と言って立ち上がる。そして店主の邪魔にならない範囲で、さりげなくお手伝いをするのです。

たとえば陳列棚の商品が曲がっていたら、真っすぐに直してあげる。ほこりがたまっていたら、ハンカチでそっとふいてあげる。それを見たら店主は感動します。こいつはできたやつやな、もう断れんなと思います。

お客が同時に何人も来たときは、接客を手伝ってあげるのもいいでしょう。主人が一人に対して接客している間、もう一人のお客のところへぱっと行って、きょうはどんなものをお探しでございましょうか、どうぞ手に取ってごらんくださいと言ってあげる。これも店主は喜びます。

こうしたお手伝いをすることなく、店の片隅でジッと待っていたらどうか。邪魔になるばかりで、いいことは一つもありません。

◇◆◆ 第3章 ◆◆◇

「話し方」次第で契約できるかどうかが決まる
——話し方編

お客に心を開かせ、意のままに誘導できるかは「話し方」で決まる

営業マンは、話すことが仕事です。

しかるに、アプローチからクロージングまでのストーリー、および自分なりの話し方というものを系統立てて構築している人はほとんどいらっしゃらない。

これは、もとをただせば学校教育の問題だと思います。

学校教育というのは本来、人生を有意義に生きるための、人間とは、人生とは、職業とは、家族とは、結婚とは、夢とは、話し方とは、人との接し方とは、など人生に必要なことを教えるべき場であるのに、やれ分数だの、方程式だの、円周率だの、西暦何年に何が起きたかなど、ほとんど実社会とは無関係のことばかりを詰め込んでいます。

私からみれば、こんな教育は異常としかいいようがないけれど、みんなはそう思わない。ずっと昔からそうだから、これが普通で当たり前だと思っているのでしょう。

営業の世界も同じです。
営業マンは話すことが仕事なのに、その肝心の「話し方」についてはそれほど重視されず、営業マンに系統立てて話し方を教育している会社もほとんど聞いたことがない……。

どう話せば相手が心を開き、お互いの人間関係がスムーズにいくのか?
どう話せば相手の抵抗力がなえるのか?
どう話せばこちらの主張を相手がそのまま受け入れ、契約書にサインするのか?

その話し方、抵抗の切り返し方、同意の取り方、誘導の仕方をいま一度学習しましょう——。

営業マンが何より心すべき二つの話し方とは?

そもそも私たちは朝起きてから夜寝るまで、つねにだれかと接し、だれかと話しながら生きています。だから本来「話し方」というのは、営業マンだけが勉強すればいいというものではありません。

お互いに心地よく会話のキャッチボールを楽しむ方法、話題の選び方、相づちの打ち方、別れ際の挨拶《あいさつ》など、あらゆるパターンの話し方を心得ておけば、家族や友人はもちろんのこと、見ず知らずの人とだって簡単に良好な人間関係を築けます。そうすれば、人生がもっと楽しくなります。

それなのに悲しいかな、みんな「話し方」の大切さがわかっていない。行き当たりばったりで話をするから、すぐにいがみあったり不仲になったりします。

まして営業マンが相手にするお客は赤の他人なのだから、話し方一つで人間関係は瞬時に「吉」にも「凶」にも変わります。こちらに悪意はなくとも、言うべきことを言わなかったり、言い方を間違えたりすれば、お客はとたんに、「仏」から「鬼」に変わります。

だから営業マンがお客と接するときに心すべきは、**「最大に効果のある話し方」と「万が一にも相手を不快にしない話し方」**この両方でしょう。

そのためには、何を心がけ、どう話せばよいのか……。

営業マンの話し方（一） 福の神のごとく、楽しそうに話す

営業マンは何のためにお客を訪問するのでしょう？

それは相手にメリットを与えるため、相手の幸福のためですよね。お客にとって〝いい話〟を携えてきたんですよね。

だったら営業マンは当然、明るく楽しそうに話さなければなりません。いかにもよさそうに、自信たっぷりに話さなければ、どんなに〝いい話〟であっても〝いい話〟に聞こえません。

それなのに世の営業マンは概して無表情。声もボソボソと小さくて聞きとりにくい。お客はもうこれだけで気持ちがふさぎます。こんな疫病神のような相手とは、一秒たりとも話をしたくないと思います。

あなたは幸福を売る営業マンです。ならば満面に笑みをたたえて、もっと晴れ晴れと、堂々と話しませんか？

営業マンが陰気くさくなる要因は、元来そういう性格なのか、営業に自信がないのかの、どちらかでしょう。

自信がないから、心も声も表情も暗くなる。暗いから売れない。売れないとますます暗くなる。悪循環を繰り返しているのでしょう。

そんなときの特効薬は「フリ」をすることです。ふだんから大きな声で豪快に笑って、おれは何でもできるんだと自分にホラを吹いていると、意外とそれが本物になってきます――。

では、営業マンが「福の神」になるとはどういうことか？

たいていの場合、営業マンが売るのはお客がまだ使ったことのないモノやサービスです。

お客はそういう商品があるということは知っていても、実際に使ったことはないのだから、いいも悪いもわかりません。その商品があればどれだけ生活が便利になるのか、利益になるのか、メリットがあるのかをまだ知りません。

だから営業マンは、お客のためにその商品のメリットを教えてあげる。その商品を、お客のよりよい人生のため、生活のため、家族の平和のために売ってあげる。商品を売ることでお客をハッピーにしてあげる。

それはまさに、お客に幸福をもたらす福の神ではないですか。

私は自分の利益のために売る卑しい物売りではなく、お客に幸福をもたらす「福の神」だ！

心からそう思って話せば、その声は自然と福の神のごとく、明るく快活になるはずです。

営業マンの話し方（二）　相手の「胸」に話しかける

ほとんどの営業マンは、評論家の対談のごとく、相手と向かい合って、相手と同じ姿勢で話します。

これでは、あなたの声は絶対にお客の心に届きません。

あなたはお客と話をしているつもりでも、お客に声が届かなければ、それは〝ひとり言〟と同じことです。

営業マンは、つねに相手の「胸」に向かって話しかけること!

立っていようが座っていようが、お客のほうへグッと身を乗り出して、自分の声が、途中で雲散霧消しないように、相手の胸まで届くように、相手の心臓に向かって、自分の声を追っかけるように話す。

これではじめてお客はあなたの言葉に耳を傾けます。

なお、間違ってもこのとき相手の目をじっと見つめてはいけません。身を乗り出した距離で目を合わせて話すのはお互いに気まずいし、相手の顔をじろじろ見るのはマナー違反でもあります。

営業マンがお客と接するときは、相手の鼻のあたりを中心に、顔全体をぼやーっと見るのがいいでしょう。

営業マンの話し方(三) 相手を「好き!」と思って話す

人から好かれるためのいちばんの近道は、まずこちらが相手を好きになることです。

自分から「好き！」という信号を発すれば、その好意は必ず相手に伝わって、相手もこちらを憎からず思うようになります。プライベートでも仕事でも、例外はありません。

ですから**あなたがお客から好かれたいと思うなら、相手を「好き！」と思い込んで話しましょう。**

どんな人間にでも必ずいいところはありますから、欠点には目をつぶって美点だけを見るようにすれば、相手がどのような人物であっても「好き！」と思えるようになります。

営業マンの話し方（四）　相手を最大限敬い、美しい言葉を使う

私はお客にお世辞は言いません。その代わり、言葉で、話し方で、表情で、相手を最大限に敬います。

すると不思議なもので、お客も目を輝かせてこちらに敬意を払います。

たとえ「おはようございます」という何気ない挨拶でも、敬って話せばお客にはち

ゃんとわかる。**敬意を込めて話すということは、口先のお世辞などよりずっと効果があるのです。**

言葉の「効果」でいうなら、これ以上ないというほど美しい言葉を使うのも効き目があります。たとえば花をほめるにしても、「あっ、きれいなお花ですね」と言うよりは、「あら～、奥さん、きれいなお花でございますねえ～っ！」と言うほうがずっといい。

美しい言葉には、人を喜ばせ、舞い上がらせる効果があるのです。

営業マンの話し方（五）　営業マンとして正しい敬語で話す

営業マンは、丁寧語で話してはいけません。

「えっ、丁寧語の何が悪いの!?」と驚いた方は要注意です。あなたは知らないうちに、お客に失礼なもの言いをしているかもしれません。

学校でも習ったように、敬語には丁寧語、尊敬語、謙譲語の三種類があります。ここまではだれでも知っていますよね。

ではあなたは、丁寧語と尊敬語の違いを説明できますか？

おそらく自信をもって説明できる人は、社会人の半分に満たないのではないかと思います。それくらい丁寧語と尊敬語をごっちゃに使っている人が多いのです。

教科書にどう載っているかはわかりませんが、丁寧語というのは〝あまり親しくない相手への最低限の礼儀として使う言葉〟にすぎないと思います。

たとえば初対面の人に「○○だね」「××するよ」と言うのは失礼だから、「○○ですね」「××します」と言う。このときの「です、ます」が丁寧語です。

対する尊敬語は、相手を高め、敬う言葉です。ただ丁寧なだけではなく、相手への敬意がこもった言葉です。

だから**目上の方、社会的地位のある方、およびお客に対して使うのは、丁寧語ではなく尊敬語（あるいは謙譲語）でなければなりません。**

それをふまえていうと、営業マンの言葉でもっとも多い間違いは、「失礼します！」の一言。

客先を訪問するとき、多くの営業マンは「失礼します！」だけですませようとしますが、いま述べたように、これはただの丁寧語。恐れ多くもお客さまのテリトリーにお邪魔するのだから、ここは敬意を込めて「失礼いたします！」と言わなければならないのです。

では、ここで少し敬語のテストをしてみましょう。

第一問。「あしたの三時ごろに行くよ」を営業マンとしての正しい敬語に直すとどうなるでしょうか？

もちろん教科書的な解答ではなく、お客と話すことを前提として、営業マンとしてのベストアンサーを考えてください。

「あしたの三時にうかがいます」と答えた方――これではまだ言葉が足りません。営業マンたるもの、「それでは明日（みょうにち）の三時ごろにでもおうかがいさせていただきたいと思いますので、どうぞよろしくお願いいたします」――と、これくらいは言葉を飾らなければなりません。

細かく解説すると、まず「あした」という言葉はくだけすぎているので、改まった場では「みょうにち」と言いましょう。

また、訪問時間を「三時に」と言いきるのはいかにも堅苦しく、相手に負担を感じさせる可能性があるので、「三時ごろにでも」とオブラートに包んで伝えます。

もちろん実際に行くのは三時きっかりですよ。「三時ごろ」とぼやかすのは自分が遅刻してもいいように保険をかけているのではなく、あくまでもお客に気楽に構えてもらうための話術です。

とくに相手から「三時ごろに来て」と指定があった場合は、向こうも三時ちょうどに手があくかどうか自信がないという意味ですから、「では三時に」と断定せず、「三時ごろにでも」とやさしくアポを取りましょう。

同じように「うかがいます」という断定よりも、「おうかがいさせていただきたいと思いますので～」のほうが、より相手の立場を尊重しているというニュアンスが伝わります。

もちろん最後は、「よろしくお願いいたします」と一言添えるのを忘れてはいけません。

続いて第二問。お客にカタログや資料を見てもらう場面を想定して、「ちょっと見て」を尊敬語に直してください。

「ちょっと見てください」というのは、やっぱりただの丁寧語。

営業マンとしての尊敬語というからには、「○○様、おそれいります、ちょっとこの資料をごらんいただいてもよろしいでしょうか」というように、はしばしに相手を敬う言葉を組み込まなければなりません。

ポイントは、目上の方に何かをお願いするのだから「おそれいります」と断りを入れたうえで、「ごらんください」と決めつけずに、「ごらんいただいてもよろしいでしょうか」と、相手の判断にゆだねるような言い方をすることです。

なお、ここでは「ちょっと」を「少々」などという表現に言い換える必要はありません。「ちょっと」というのは相手に気楽な印象を与える〝魔法の言葉〟なので、むしろ積極的に残してください。

「少々」では堅苦しすぎて、相手に「なんだか面倒くさそうだな」というイメージを与えてしまいます。

第三問はテストクロージングの場面――A、B二つの商品からいずれかを選んでもらうとき。「どっちがいい？」を尊敬語で言うとどうなるでしょう？

丁寧語だと「どちらがいいですか？」ですね。無論これでは不十分です。

模範解答は、「失礼ですが、○○様でしたらこのAタイプとBタイプ、どちらかといいますと、どちらのほうがいいなあ～と思われますでしょうか？」です。

どのような場面であれ、相手に何かを質問するときは必ず「失礼ですが」と前置きするのが〝加賀田式〟の鉄則です。

この一言を忘れると、お客は「おまえにそんなことを聞かれる筋合いはない！」と反発を覚えます。

また、テストクロージングの場面で「どちらがいいですか？」と断定的に聞くのは厳禁です。

まだ買うとも買わないとも言っていないのに「どちらがいいですか？」と聞かれたら、こっちはまだその気になっとらん、とムカつきます。

テストクロージングで聞くのはあくまで相手の「思い」です。どちらがいいかでは

なく、どちらがいいと「思う」かを聞く――。そうすれば相手は抵抗なく「こっち」と答えてくれます。

営業マンの話し方（六）会話のキャッチボールで誘導する

営業マンの多くが誤解していますが、会話のキャッチボールというのは、相手とダラダラ言葉を交わすことではありません。

自分が思うとおりの返答をお客から引き出し、会話を意図する方向に誘導し、最終的には契約書に判を押させるところまでもっていく――。

それこそが、営業マンにとってのキャッチボールです。

「そんな魔法みたいなことができるものか！」と思われるかもしれませんが、方法さえわかれば実に簡単。

図にしてみましょう。

会話の大原則

誘導する側（会話をリードする人）	誘導される側（従う人）
話して、質問する	答える
答えにふれて、話して、質問する	答える
答えにふれて、話して、質問する	答える
⋮	⋮

では、順に説明していきましょう。

まず、会話というのは誘導する側と誘導される側に分かれます。だから**お客を意のままにあやつり、クロージングまで誘導したいと思うなら、営業マンが先に口火を切って会話のイニシアチブを握るのが絶対条件です。**

先に相手にしゃべらせたら、話はどんな方向へ転ぶかわかりません。下手をすれば「忙しいから出直して」などといきなり断られます。

あるいはお客のほうから「きょうは何の用？」と質問されても大失態。これを言われたら、その瞬間、営業マンはお客の召使いになりさがります。

「きょうはこの商品の件で参りまして……」と、相手の質問に答えるだけのご用聞きになってしまいます。

どんな場面であれ、会話は先に口火を切ったほう、先に質問したほうが優位に立ちます。あとからしゃべるほう、質問に答えるほうはいつだって、主従でいうと「従」です。

だから営業マンは、お客に自由発言を許してはいけません。**お客と会ったら一瞬の間もおかずにこちらが話を始めなければならないのです。**

では、その大事な第一声をどう発するか？

どういう場面であってもこちらが先に口火を切って、さっと質問をするのです。

「私、お世話になっております○○社と申しますが、失礼ですが、奥様のところは、お子さまはいらっしゃいますでしょうか？」

「あ〜、はいっ」

どんな無口な人でも、質問された側は必ず答えます。

答えるためには、質問の意味を考えながら答えなければならないので、そのうちに断ることを忘れます。

相手が何か答えたら、「相手の答えにふれて、話して、また質問」です。

ポイントは、相手が答えたことについて必ず、何かしらの感想を述べることです。

これを飛ばして次の質問に移るのは、仕事だろうがプライベートだろうが、許されることではない。

たとえば趣味は何かと聞かれて「サッカー」と答えたのに、相手がそれについていっさいふれず、「じゃあ家はどこ？」と次の質問をしてきたら、何のためにサッカーと答えたのかわかりませんよね。

無礼であるのはもちろん、せっかく答えたのに、楽しくない。楽しくなければ会話ははずまず、いつしか相手は不機嫌になっていきます。

だから営業マンは、お客が何か答えたら、必ずその答えにふれる。それも肯定的にふれる。

お子さんの人数が何人であれ、「うわーっ、三人もいらっしゃるんですか、将来が楽しみですね」と相手を認めたうえで、「ところで奥様……」と次の質問に移るのです。

このように営業マンがつねにその場をリードしていれば、お客の抵抗が生じる隙《すき》はないはずです。

ところが多くの営業マンは、うかつにも話の途中でいらざる間をあけ、お客から「だいたいこれはいくらなの？」などと質問を挟まれてしまいます。

こういう自由発言が出ること自体、営業マンの手落ちです。

しかもたいていの営業マンは、こう聞かれると「あー、これですか、これは全部で十八万九千五百円になりましてー……」などと答えてしまう。そうしたらお客はたぶん「じゃあまたご連絡させていただきますから、パンフレットだけ置いてってください」――これでジ・エンドです。

いちばんいいのは、こんな質問が出ないように一瞬たりとも気を抜かないことです。けれどもちょっとしたことで会話の主導権が相手に渡ってしまう可能性もゼロではない。そんなときは、あわてず騒がず主導権を奪い返しましょう。

「ありがとうございます。お値段でございますけれども、あ、その前にご主人、失礼ですが、ご主人のところは何人家族でございますか?」

お客の質問に答えようとしつつ、実際には答えないで、次の質問をするのです。そうすれば相手はふたたびこちらの手のひらに――。

相手が「え、ウチですか、ウチはばあちゃん一人に私ら夫婦と子ども二人で……」と答えたら、「あらっ、五人もいらっしゃるんですか、にぎやかでいいですねえ。ちなみにお子さんはおいくつでございますか?」とまた質問――。

こうすれば、お客はさっき値段を聞いたことも忘れて、もう二度と同じ質問を投げかけてくることはありません。

この〝キャッチボール〟が習慣づけば、あなたの人生が変わります。

お客は抵抗のタイミングがなく、自由発言もできず、営業マンに誘導されるまま、気づいたときにはクロージングまできているのだから、契約が取れないわけがない。

この意味をよーく理解したうえで実践していただければ、売り上げは恐ろしいほどアップします。

営業マンの話し方(七) 羞恥心は捨てて話す

営業マンにいちばん不要なもの、あってはいけないもの、それは羞恥心《しゅうちしん》です。

そもそも羞恥心なんていうものは、どんなときに役に立ちますか? 立ちませんよね。女性ならたしなみとして恥じらいの気持ちはもたなきゃいかんけど、男性には、あるいは仕事の場面では、男女を問わず羞恥心ほど邪魔なものはありません。

羞恥心をもてば、もじもじして声がちっちゃくなる。顔がこわばる。快活に振る舞えなくなる。

役に立たないどころか、みっともないことばかり。

しかもこちらの緊張、照れ、ぎごちなさは相手にも伝染します。

営業マンが固まっていたらお客も固まってしまいます。そんなことで人間関係がうまくいくはずがありません。


営業マンなら何の役にも立たない羞恥心などキッパリ捨てて、子どものように天真爛漫《らんまん》に話し、振る舞いましょう。

営業マンの話し方（八） 心、顔、体全体で話す

話とは元来、自分の気持ちを相手に伝える手段です。

それなのにほとんどの人は、本気で気持ちを伝えようという努力をしていません。

無表情、棒読み、一本調子で、口先だけでしゃべる。それでは気持ちは伝わらないし、

気持ちが伝わらなければ話をする意味がありません。

営業マンが自分のためではなく、お客のために売ろうというのなら、その気持ちをちゃんと相手に伝えなければなりません。

それにはまず、心を込めて話すこと！

うれしいときはうれしそうに、驚いたときは驚いたように、お礼を述べるときはほんとうに助かりました、このご恩は一生忘れませんという思いを込めて、心から「ありがとうございました！」と言うのです。

心を込めて話せば、自然と表情にもそれが出るはずです。うれしいときはうれしそうに笑い、驚いたなら目を見開き、感動したときは目をつぶり、「うわあ～っ」と感嘆するときはプルプルと頰《ほお》を震わせるはずです。

顔だけではなく体のアクションも大事です。

「そこに掛かっているあの絵は……」と言うときは、そちらを指さして話す。「どうぞお座りください」と言うときは、相手の手を取って椅子へいざなう。

とにかく心、顔、体と、もてる機能のすべてを使って話せば会話も盛り上がり、こちらが言わんとすることは間違いなく伝わります。

営業マンの話し方（九）　強弱、緩急をつけて話す

「一本調子、棒読みで話す」の反対は、「強弱、緩急をつけて話す」です。

たいていの場合、お客は最初からこちらの話に集中して耳を傾けているわけではありません。会話が盛り上がる前は、頭の片隅で別のことを考えながらぼんやりと話を聞いているだけです。

そんな相手に対して、お経を読むかのごとく一本調子で話していては、何が言いたいのかサッパリ伝わりません。お客は話に興味をもてないどころか、しまいには眠くなるだけ……。

だから**話のポイントとなる大事な部分に言及するときは強く、はっきりと話し、それ以外の前置きや修飾語などは通常のトーンでやや早口めに話す。**

このようにメリハリをつけて話せば、何気なく聞いている相手でも「ああ、ここがいちばん言いたいところだな」とわかります。

この強弱、緩急のつけ方にも当然ながらルールがあります。これは加賀田式ではなく、テレビやラジオのアナウンサーなら、だれもが心得ている全国共通のルールでしょう。

たとえば私は今朝、車に乗りながらラジオを聴いていました。

そうしたら「昨日の阪神×巨人戦は三対二で阪神が勝ちました」というニュースが耳に飛び込んできた。私は別にラジオに集中していたわけではないけれど、このニュースはすんなりと耳に届きました。

アナウンサーが正しく緩急をつけ、大事なポイントは強調して話してくれたからです。これこそがプロの話し方というやつですね。

では、あなたならこの「昨日の阪神×巨人戦は三対二で阪神が勝ちました」という一文のどこにアクセントをつけますか?

――私は営業セミナーでよくこうした質問を投げかけます。

けれどもパーフェクトな正解者はまず出ません。こんな短い文章でも、みんなどうやって強弱をつければいいかわからない。ふだん意識したことがないからです。

正解はこうです。

「昨日の**阪神**×**巨人**戦は**三**対**二**で**阪神が**勝ちました」

この太字傍線部分が〝強く、はっきり話す〟べき部分であり、それ以外はさらっと早口で話す部分です。

私が言う〝強く話す〟というのは、普通よりも一オクターブも二オクターブも大きな声で話すということです。徐々に声を大きくしていくのではなく、大事なポイントにきたらピュッと一気にボリュームを上げます。

一方の**〝はっきり話す〟とは、言葉をひと続きにしないことです。**

たとえば「阪神×巨人戦」の部分は「阪神巨人戦」とつなげて言うのではなく、「阪神、巨人戦」としっかり区切って話す。

「三対二」なら「三」と「二」を強く言い、「対」はトーンを落として発音する。こうしないと、聴くほうは情報がごっちゃになってしまいます。

続いて営業トークの例をみていきましょう。はじめての会社を訪問し、社長に取り次いでもらおうというシチュエーションです。

「おはようございます。お忙しいところおそれいります、私、事務用品などでたいへんお世話になっております、日本商事の山本と申しますが、おそれいります、本日は社長様はいらっしゃいますでしょうか？」

このアプローチ文句のどこにアクセントをおけば、相手から「この人は歯切れがいいな、この人の話し方は聞きやすいな」と思ってもらえるでしょう？

おわかりになった方は、ぜひその言葉の横に線を引いてみてください。それで二度三度と読み上げ、しっくりくるかどうか確認してみてください。

――よろしいでしょうか。よろしければ解答に進みます。

「**おはようございます**。**お忙しいところおそれいります**、私、**事務用品など**で**たいへん**お世話になっております、日本商事の山本と申しますが、おそれいります、本日は

社長様はいらっしゃいますでしょうか?」

順に解説していきます。

まず「おはようございます。お忙しいところおそれいります」は、目の前の方を敬う言葉ですので、心を込めて話しましょう。

次の「事務用品など」は、あなたの訪問目的を端的に伝える重要ポイントですから、相手の印象に残るように強く話します。

同じように「たいへんお世話になっております」の「たいへん」も、「たいっへん」というように力を込めて話します。これは自分が相手の会社にとって「たいへん」重要な話をもってきたということをほのめかすためです。

次の「日本商事の」は、ほかのポイントに比べれば重要度の低い、小さなポイントです。お客からすれば、社名が日本商事だろうが東京商事だろうがどうでもいい。だから本来なら強調するまでもない部分なのですが、社名を名乗るのはビジネス上のマナーですし、あなたがもし有名企業の看板をしょっているなら、多少のブランドアピールにはなります。

それに続く名前は、これこそお客にとってはどうでもいい情報ですね。営業マンの名前が山本だろうが鈴木だろうが田中だろうが、お客はそんなことにこれっぽっちも興味はないので、さらっと簡単に名乗るだけでかまいません。

最後の一節は、この会話の最重要ポイントです。あなたはそこいらの平社員ではなく社長に会いたいのだから、社長がいらっしゃるかどうかをはっきりと尋ねなければなりません。

とはいえ「**社長様はいらっしゃいますでしょうか？**」と最後までアクセントをつけるのは非常にくどい。

大事なポイントを際立たせるためにも、それ以外のところはなるべくあっさり話すのが〝緩急トーク〟の大原則です。

この場合なら「社長様は」までを強く話せば、こちらの言わんとすることは十分に伝わるので、「いらっしゃいますでしょうか？」まで力を入れる必要はありません。

先にあげた野球ニュースでもそうですね。「阪神が勝ちました」のところは「阪神が」と主語だけを強調すれば、聴く人には「ああ、阪神が勝ったのか」とわかります。だから「勝ちました」は力を抜いてサッと話す。それが強弱、緩急をつけて話すということです。

あなたもぜひアナウンサーになったつもりで、ここにあげた例文を何度も音読してください。緩急の意味がわかったうえで練習を繰り返せば、すぐにコツをつかめます。

練習でうまくできれば本番でもうまくいき、やがてそれが習慣になるのです。

営業マンの話し方（十）　テンポよく、歯切れよく話す

だれが言い出したのかわかりませんが、営業マンは早口でしゃべってはいけないという風潮があります。

早口よりは、かんで含めるようにゆっくりと話すほうが正しいと思っている人がたくさんいます。

断っておきますが、それは大きな勘違いだと思います。

プライベートな場面であれば、のんびり話すのも味わい深くていいでしょう。ところが仕事のときは、口調がスローだと間延びしてかったるくなる。お客が冷静になって断られやすくなる。一呼吸、二呼吸おきながらゆっくりと話すのは、営業の場面で

はかえって逆効果です。

音楽をイメージするとわかりやすいと思います。静かな曲がＢＧＭだと眠たくなるけれど、ビートのきいたアップテンポの曲ならアドレナリンがぶわーっと出て、気持ちが乗ってきますよね。

お客の気持ちもこれと同じ。

ちょっと早口なくらいにポンポンポンっとテンポよく話されると、小気味いい音楽を聴いているように営業マンの言葉に酔って、素直にこちらの言うことを聞いてくれます。

テンポよく話すには、語尾をピタッと止めることも大切です。

語尾は上げても下げても伸ばしてもダメ！　どんなときもピタッと止めて、歯切れよく話すのが鉄則です。

たとえば英語では質問のとき「Ｄｏ ｙｏｕ ○○？」と語尾を上げますが、日本語でこれをやる必要はありません。「○○ですかぁ～？」は品がない印象を与えてしまいます。

もちろん「○○ですよね……」と下げるのもダメ。これをやったら暗くなります。

いちばん多いのは語尾を伸ばすパターンで、「おはようございまーす」「えーっとー」「あのですねえー」などなど……。これだけでだらしなく、子どもっぽいしゃべり方になってしまいます。

心当たりのある方は、いますぐこの悪い癖を直し、テンポよく歯切れのいい話し方を心がけてください。

営業マンの話し方(十一) フレンドリーに、親しみを込めて話す

日本の営業マンに決定的に足りないのは、親しみやすさです。

日本の営業マンは、だれも彼も判で押したように他人行儀でとっつきにくい。事務的で堅苦しい。おそらくは、そのように話し振る舞うことがイコール礼儀正しいのだと誤解しているのでしょう。

しかし、礼儀正しさと堅苦しさはまったくの別物です。

別の言い方をするなら、礼儀正しさと親しみやすさは矛盾なく両立させることがで

きるのです。

お客に礼儀正しく、かつフレンドリーな印象を与えるには、言葉はあくまで礼儀正しく、されど話すときのマインドは、この上なく親しみを込めてざっくばらん、フレンドリーに話すこと……。

たとえば私は、お客に「あっ、おはようございます」と話しかけるとき、けっして両手をぴたっと体につけたりはしません。

〝気をつけ〟の姿勢で「おはようございますっ！」と挨拶をするのは、最初に事務所に入るときだけ。この第一声は特定のだれかに向けたものではないので、思いっきり礼儀正しくビシッと決めます。

しかしお客に歩み寄ってからの「おはようございます」で同じようにビシッとやるのは、あまりにも堅苦しい。

私なら、「あっ、おはようございます」とやわらかい口調で話しかけながら、スキーのストックをひょいと前後につくかのように、両手を体の横で前後させてお辞儀。もちろん顔にはフレンドリーな笑みを浮かべます。

このおどけたようなしぐさと笑顔は、確実にお客の警戒心を解きほぐします。また営業マン自身も気持ちがほぐれ、その場の状況に応じてジョークを言ったり、ユーモアを込めて話すことができるようになります。礼儀ばかり気にしてガチガチの堅苦しい挨拶をしていたら、こうはいきません。

フレンドリーに、親しみを込めて、にこやかに話す。これはお客に好かれる営業マンになるための絶対条件です。

営業マンの話し方(十二) 興奮して話す

営業マンが心得るべき「話し方」の最後は、興奮して話すということです。

商品のよしあしは実際に使ってみなければわかりません。お客が商品を使ってもいないのに買おうと思うのは、その商品がよいからではなく、よさそうだと暗示にかかるからです。

お客がこの商品はよさそうだ、価値がありそうだと思うかどうかは、営業マンの話し方にかかっています。

もしも営業マンが事務的に、ボソボソ話したなら、いくら商品の美点をならべたても〝いいもの〟には思えません。

逆に、**営業マンが心の底から商品を愛し、この商品がどれだけすばらしいかを興奮して力説すれば、お客は必ず暗示にかかる……。**

ここで営業マンの仕事とは何か、もう一度思い出してください。

営業マンの仕事というのは、自分がよいと信じる商品を、お客の幸福のために売ってあげる仕事ですよね。

つまり私たちがおすすめする商品は、とてつもなく大事ないいものなのです。あってもなくてもどちらでもいいのではなく、あったほうが絶対にいい。お客におすすめしてあげれば必ず喜ばれる。けたはずれにすぐれている。

そんなすばらしい商品についてご説明するのに、どうして冷静でいられましょう？

あなたもプライベートではそうだと思います。

お気に入りのバッグや時計について、あるいはやっとの思いで手に入れた車やバイクについて語るとき、とてもではないけど冷静ではいられませんよね。「見て見てこのバッグ、どこそこの限定品よ」とか、「どうやこの車はすごいやろう」とか、もう夢中になって一生懸命にしゃべるはずです。

その血わき肉躍る感覚を、営業の場面でも思い出してほしいのです。

こちらが冷静に話せば、お客も冷静に話を聞きます。

こちらが興奮して話せば、お客もつられて興奮します。

うわっ、なんだかよさそうだな、この人がここまで言うなら信用できそうだなと、簡単に暗示にかかります。

営業は理屈ではありません。

いかなる商品であれ、営業マンが心の底からよいと信じ、そのよさをお客に伝えるために大興奮して話せば、どんなかたくななお客も最後には必ず落ちます。

興奮こそが、営業マンの最後の決め手なのです。

第4章

〝性弱説〟から生まれた「売れる原因」「売れない原因」

性弱説――人間は生まれながらにして弱い生き物である

性善説という言葉がありますね。人間は生まれながらにして〝善〟なるものだという考え方です。

性善説の是非は私にはわかりません。しかし人間が強いか弱いか、すなわち「性強説」と「性弱説」のいずれが正しいかと問われたなら、迷わず自信をもって答えましょう。

人間は弱い。みんな弱い。この地球上に強い人間など一人もいない――。

ここでいう強さとは、自分で自分をコントロールする力です。何一つ制約のない状況で、最後まで自分を律することができる人が強い人です。

これができたらほんとうにすばらしいと思います。

しかし残念ながら、私は生まれてこのかた、そんな強さをもった人に出会ったことがありません。

人が雨の日も風の日も働くのは、そうしなければ会社をクビになるからであり、稼ぎがなければ女房にどやされるからです。車をわざわざ駐車場に止めるのは、駐禁で罰金を払うのがいやだからです。

人はさまざまな制約やペナルティがあるからこそ、かろうじて弱い自分の理性を保っていられるのです。

これがもし組織に属さず家族ももたず、何をするのも自由というご身分であればどうでしょう。

おそらくそういう人は、しょっちゅうサボると思います。きょうは大雨だから仕事はやめておこうとか、二日酔いだから休もうとか、何やかんやと理由をつけて働かないと思います。

もちろん私も例外ではありません。

世間の目や社会の制約がなければ、サボりたい、ラクをしたいという欲望に負けてどこまでも堕落してしまう弱い人間の一人です。

では、そんな私がどうして厳しい営業の世界で成功できたのか？

契約率九九％という信じられないほどの確率で売ったのはなぜか？

それは私が自分の弱さを自覚し、自分で自分に手かせ足かせをはめていたからです。

それによって自分を追い込んでいたからです。

営業のプロをめざす者にとって、最後の敵は自分自身の弱さです。

本章ではその最大の敵と相対する方法、弱い自分を律するための習慣、そして愛をもって売れつづける営業マンでいるための方法を具体的にご紹介していきます。

毎日、自分に「喜びと恐怖」を与えよ

人間だれしも、物事がうまくいけばホッとして気がゆるみます。営業でも、午前中のうちにその日のノルマを達成できたなら、きょうはもういいやと思って休憩したくなるのが人の常です。

しかし、営業マンにとってはこのちょっとの休憩が命取りになります。

休憩といえば聞こえはいいけれど、仕事中に勝手に休むのだから要はサボりです。

一度でもサボれば、やがてそのサボることが習慣となり、最後は奈落の底まで転げ落

ちていくかもしれない……。

　そうならないために、現役時代の私は毎日、自分に「喜びと恐怖」を与えていました。露骨な方法ですが、ありのままをご紹介しましょう。

　現役時代――すなわち幹部やマネジャーではなく、ヒラの営業マンもしくはプレイングマネジャーという立場のとき、私は毎朝必ず同僚のだれかを捕まえて、その日の売り上げ競争をしていました。

　ただの競争ではなく、お金を賭《か》けた競争です。

　勝負に勝てば、勝った！　という喜びといくらかのお金が入ってくる。負けたら負けたという屈辱に加え、お金まで払わなくちゃいけない。まったくもって露骨な「喜びと恐怖」ですね。

　勝負のゆくえは一日が終わってみるまでわかりません。だから私は、売っても売っても気が抜けない。もう最後の最後まで、終業時刻ギリギリまで売って売って売りまくる……。

　これは何も私の精神力が強かったからではなく、ただただ負けたくない、負けたことを人に知られたくない、という恐怖心のなせるわざです。

当然ながら私が連戦連勝すれば、だれも賭けに乗ってくれなくなります。そうなると私はハンデつきでお願いする。賭け金は同じで売り上げに三倍のハンデをつけよう、君が十万売って僕が三十万、それでトントンにしようと話をもちかけます。

それでも、よーいどんでやると私が勝つ。すると相手はもう次の日は三倍のハンデがあってもやろうとしない。もうやめましょうとしり込みする。だから私はハンデを五倍、十倍につりあげていく――。

勝負は不利になる一方ですが、別に負けてもいいんです。

この賭けをすることで本来自分がもっている力以上の、火事場のくそ力が出ればそれでいい。金が欲しいのではなく自分を奮い立たせるために賭けるのだから、万が一負けたとしても、それはそれでかまわないと開き直っていました。

だから私はハンデに躊躇《ちゅうちょ》しなかった。

そのうち売り上げだけじゃなく賭け金にもハンデをつけて、君が負けたら百円、僕が負けたら一万円というぐあいにした。これなら相手は負けても被害最小限、勝てば何千円、何万円、ときには何十万円というお金が入ってくるのだから、みんな気軽に勝負を受けてくれます。

そんなふうにして、私は自分を売らざるをえない状況に追い込み、死にもの狂いで売りまくりました。

契約率九九％という驚異的な営業成績は、その産物です。

同僚のなかにはズルいやつもいて、売れてもいないのに売れたフリをする、いわゆるテンプラオーダーで売り上げを水増し申告してきたこともありました。そのときはさすがに負けた。インチキが判明したのはウン万円の賭け金を支払った直後——相手はすでに会社からもトンズラしていて後の祭りでした。

それでも私は後悔なんてみじんも感じていません。

人生がもし二度あって、ふたたび営業の仕事をするならば、私は間違いなく同じことをします。同僚に頭を下げて、ハンデをやるから勝負してくれとまた頼みます。

昔話ですし、これをそのままマネせよとは申し上げませんが、それくらい、賭けによる追い込みは効果てきめんなのです。

「無理」「難しい」「できない」は禁句にせよ

私は弱い自分を律するために、「無理」「難しい」「できない」という言葉は絶対に口にしないと決めていました。

仕事であれプライベートであれ、生きていれば人間だれしも「そりゃ無理だ」と言いたくなる場面は多々あります。

でも、そこで無理だと言ってしまったら知恵も勇気もわいてこない。難しいと口に出したらほんとうに難しく思えてくる。できないと言えばほんとうにできなくなる。だから私は「無理」「難しい」「できない」という思いが頭をよぎっても、グッと言葉を飲み込んで口には出しません。

心の中で口にしないと決めているだけではなく、紙に書いて壁に張り、周囲にも公言していました。もしこの禁句を一度でも口にしたら、罰金を払うと宣言していたのです。

人間、言うだけでは簡単に撤回できます。だから罰金を科す。売り上げ勝負の賭け金といっしょで、第三者を巻き込むことで言い訳のできないところへ自分を追い込んだのです。

さらに私は「無理」「難しい」「できない」の反対、つまり「簡単」「できる」という言葉を積極的に口にするように心がけました。

人に何か言われたら、ろくに考えもせずに「そら簡単や」と答え、どんなにできそうにないことでも反射的に「できる」と言うのです。

これは「フリ」ですね。

簡単なフリ、できるフリ。

世の中にできんことは何一つないというフリ――。

それでも、やがて「フリ」が人間をつくります。

「簡単」と言いつづけていると、ほんとうに簡単な気がしてくる。「できる」と言いきれば、不思議といいアイデアがひらめいてくる。そして私は実際に、どんなことでも簡単にできるようになっていったのです。

あなたも、きょうから「無理」「難しい」「できない」は禁句にして、「簡単」「でき

る」と言いましょう。 最初はただの「フリ」でも、言いつづければだんだんと本物になっていきます――。

強がりが不可能をなくす

「簡単」「できる」を口癖にした私の次なる一手は、またもや強がりでした。

「世の中に不可能なことは何もない！」
「おれに売れない商品は何一つない！」

私は自分を鼓舞するために、人前でそんな大ボラを吹くようになりました。すると不思議なことに、またもや言葉はすべて現実になった。どんな状況でもどんな商品でも売れるようになった。

高額商品だろうが何だろうが即決で売れるようになった。バブル期の売れ残り不動産を売りさばくなんて朝飯前、あるときなど次の日に引っ越しするという冷やかしのお客に即決でマンションを売ったこともありました。

結論！　世の中に売れないものなど何一つない——。

常識なんてクソクラエ!!

弱い人間は、自分にさまざまな言い訳をします。その言い訳のなかでもっともナンセンスなのは「常識的に考えて……」というやつです。

常識？　常識がなんだ。常識なんてクソクラエ!!

——これは私の口癖です。

たとえばさっきあげたマンション販売の例。

常識的に考えれば、あした引っ越しをする人がマンションを買うわけがないですよね。でも私は売りました。**売ろうと思えば売れるのに、みんな常識にまどわされて好機を逃しているのです。**

貯金が一円もないという人に、頭金が六百万円以上必要なマンションを売ったことも数多くあります。お客がいくら頭金がない、ちょっと見に来ただけだと言っても、私は微動だにしない。「大丈夫です、任せてください」と言ってその場で契約。

不可能を可能にするのは、常識なんてクソクラエの哲学です。

そうやって他人のできないこと、常識以上のことをする。それこそが男の本望だと、私は考えています。

営業マンに絶対に必要な「プロの道程」

現役時代から現在に至るまで、私は「書く」という行為をとても大切にしています。ただ頭で思うだけではすぐに忘れてしまうけれど、紙に書けば記憶に残るし、いつでも読み返せる。いまでも私は本や雑誌を読んでいてなるほどと思うことがあれば、その場ですぐ書き留めるようにしています。

備忘録であればメモするだけで十分ですが、先ほどの「三つの禁句」のような仕事上の誓約や目標は、書いたものを職場の壁に張るのがより効果的です。自らの誓いを同僚の目にさらすことで、弱い自分を追い込むことができるからです。

現役時代の私は、さまざまな目標や誓いを書いて壁に張りました。

その集大成ともいえるのが、営業マンとして絶対に守らなければならない十一の心得をまとめた**「プロの道程」**です。


――プロの道程――

一、胸を張って速足で歩け――だらだら歩いていると気分までだらける
二、リズミカルな歌をうたいながら歩け――乗ってくる！
三、天井に向かって挨拶《あいさつ》をしろ――第一声で相手を圧倒せよ
四、間髪入れずに質問しろ――一秒でも〝間〟をあけたら抵抗される
五、長所を発見してほめろ――相手は舞い上がる
六、一分以内に座れ――立っていると断られる
七、必要性はノートを使え――書けば、よくわかる
八、商品説明は明瞭《めいりよう》簡潔にせよ――相手は商品そのものには興味をもっていない

九、テストクロージングは二者択一、どちらがよいかを聞け——相手は必ず答える
十、抵抗はイエス・バットで切り返せ——瞬時に抵抗は消える
十一、クロージングは興奮しろ——冷静に話すと、冷静に断られる

この十一か条は、あるとき「何と何」を実行すれば必ず売れるのかな、営業マンに絶対に必要なことって、何なのかな……と、あらゆる角度から思いをめぐらし、まとめあげたものです。

それぞれの項目の意味については、本書もしくは前著の内容と重複するためここでは詳しくふれることはしませんが、これが私の現役時代の、売らんがための必須《ひっす》セオリーでした。

この十一か条を実践すれば、その日から、売り上げは必ず倍増します！

売れないのには売れない原因がある

物事には、必ず原因があります。

売れるのには売れる原因。

売れないのには売れない原因。

この地球上のすべての結果には、原因があります。

私の現役時代、売るためのポイントとなる絶対に必要なことをまとめたのが先述した「プロの道程」であるならば、それに対して「売れない原因」をまとめたのが次の十一か条です。

売れない原因（一）　夢を見失っていないか？

人生を海にたとえるなら、夢と呼ぶ目標は、是が非でもそこに到達したいという、自己の〝桃源郷〟でしょう。

このめざすべき夢の世界。おれはプロ野球の選手になるぞ、パイロットになるぞ、大金持ちになるぞ。その願望が大量のアドレナリンを噴出させ、あらゆる原動力のもととなる「意欲」が生成される。

そしてこの意欲が、長い航海の間に幾百幾千とおそってくる苦難をものともせず、果敢に蹴散《けち》らしていく力（パワー）と変わるのです。

しかし、生来が弱い人間、ときには意欲がなえたり、挫折《ざせつ》したり、立ち往生したりということがままあります。そんなとき、その惰性に流され、夢を見失うと、あてどもなく大海を漂流することとなる。

たとえば、私の場合は、二十三歳で営業を始めたとき、人よりがんばって一日も早く社長になろうと決めていたので、一軒一軒命がけで売ることができたし、三十歳までに引退しようとだいそれたことを考えていたので、一分一秒もサボらず一か月ごとに主任、係長、課長、部長と昇進をし、栄誉栄華をほしいままにしてきました。

金持ちになるぞ、社長になるぞ、三十歳までに引退するぞ。もしその夢をもっていなかったら、私の人生はただの〝通行人〟で終わっていたかもしれない……。

女の食料は〝米〟、男の食料は〝夢〟。

あの山に登るぞ、あの星をとるぞ、庭に鯨《くじら》を飼うぞ。夢がなきゃあ男じゃない……。

いずれにしても、**人生でもっとも愚かなこと、恐れるべきこととは、夢という〝目標〟をもたぬまま、惰性で生きることです。**

惰性からは何も生まれない……。

売れない原因（二）　喜びと恐怖を与えているか？

朝、目を覚まして、夜、床につくまで、私たちはたえず何かをしている。その何かをする動機とは、「喜びを求める」ためか、「恐怖から逃れる」ためか、このどちらかしかありません。

ならば、毎日、「極限の仕事をする喜び」と、「それをしないことの恐怖」を自身に与えよ。

その喜びと恐怖を明確にしないまま行動開始するのなら、あなたは本日、〝敗北者〟となる――。

売れない原因（三）　競争心をあおっているか？

森羅万象、万物、万人は競争することで、品質はよくなり、技術は向上し、人は成長する。

ほかとの競争、きのうの自分との競争。この競争をやめたとき、人間は堕落する。

きょうも考えよ、何と競争するか……。

１２３ページで先述した同僚との賭けの話は、この「売れない原因（二）喜びと恐怖を与えているか？」「売れない原因（三）競争心をあおっているか？」を実践する手だてでもあったのです。

売れない原因（四）愚痴や不平不満を口にしていないか？

人は、不用意に「また雨か……」「暑いな……」「寒いな……」「また朝礼か……」「きょうはきついな……」と不満を口にします。

これは敗者特有の論理である――。

なるほど、雨は不愉快なものです。服は濡《ぬ》れるし、靴は汚れる。暑いと汗はかくし、のどは渇くし、体はばてる。寒さはつらいし、外に出るのはおっくうになる。

たしかに、それらは気に入らないことである。だからといって、それを口にして何になりますか。自分の労働意欲が低下するだけである。

いわゆる〝自滅行為〟である――。

勝者は、変えられないもの、決まったもの、およびそれを口にしても何の役にもたたないものについては、それをいっさい口にしません。

一回でも不平が口をついて出ようとしたら、「これも人生の修業、アハハ」と笑い飛ばしませんか？

そうすれば、雨が、台風が、アクシデントが、人生のすべてがあなたに幸いするでしょう――。

売れない原因（五）　私生活は乱れていないか？

「一事が万事」という名言があります。

私生活が乱れている人に大成する人はいません。

不規則な生活、借金まみれの生活、欲望のおもむくままの自堕落な生活。それは、そのままその人の人格破綻《はたん》の兆しであり、それを放置すると仕事はもとより、人生そのものを損なうことになります。

ほんの少しでも私生活の乱れが見られたときは、早期発見、早期治療、即、手術を行うことである……。

売れない原因（六）　公私混同していないか？

勤務時間中に、携帯電話を使って私用をすませる。

あるいは郵便局や役所などに立ち寄る。

それ自体はほんのささいなことかもしれません。

しかし、**ことの軽重に関係なく、勤務時間中は自己の職務に没頭すべきであって、私用のためにそれを割くべきではありません。**

その区別（けじめ）をつけないと、仕事に対する緊張感も薄れ、やがてはサボりの常習者となり、奈落の底まで転げ落ちることになる——。

売れない原因（七）　何人に対しても親切心を怠っていないか？

警察官が飲酒運転をしたとか、わいせつ行為に及んだとか、というニュースをよく耳にします。もう、これは笑い話である。

警察官は、善人だけが採用されるのではないにしても、「市民の平和と安全を守る」という職業についたのならば、少なくとも「人間としてのモラル」くらいは遵守すべきでしょう――。

営業マンも同じく、「人の幸福の手助けをする」営業職についたのなら、だれをも思いやり、だれをも幸福にしてあげようと努めるべきでしょう。

その「愛」を、「親切心」を、あなたはいま、忘れていませんか……？

売れない原因（八）　声に覇気はあるか？

覇気というのは、その人が何かを成し遂げようとする、意気込みや信念がオーラとなって、その人の全身から発せられる様をいうのでしょう。それが容易にみてとれるのが〝声〟でしょう。

意気込みのある人は、声がはつらつとしている。声が大きい。

逆に惰性で生きている人や、いま何かに悩んでいる人は声が弱々しい。

プライベートなら声の音質や音量もそんなに問題ではありませんが、仕事というのは意欲なくして達成を見ることはありません。そして、意欲の有無は声に表れます。

ならば、後先はどちらでもいい。

やる気のある人は声が大きい。

ならば、**やる気はなくともそのフリ、大きな声を出していると、やる気がみなぎってくる……。**

売れない原因（九）　マンネリにおちいっていないか？

世の中でもっとも恐れるべきは「悪《あ》しき習慣」と「マンネリ」だと思います。十年一日のごとく同じことの繰り返しを続けるのなら、きょうを生きる意味がない。

きょうを、人生で最良の日、としようと決めたなら、何と何に挑戦すべきなのか、何と何を心のテーマとすべきなのか、おのずと見えてくるでしょう。

きょう新しいことに挑戦しないのなら、その人はもう死んでいる――。

売れない原因(十)　苦から逃れようとしていないか?

世の中には、積極的な人と消極的な人がいる。一つ、この違いを考えてみましょう。積極的な人とは文字どおり、「進んでやる人」のことであり、消極的な人とは、進んでは「やらない人」のことでしょう。

さて、どちらのほうが幸せな人生を送るでしょうか?

昔、私の研修先の営業会社に、老婆のごとく歯の抜けた青年がおりました。何度か食事をごいっしょしましたが、この青年、注文するのは決まって豆腐でした。

「ほかに注文しないの?」

「かたいものは、歯が痛くて……」

「なんで歯医者に行かないの？」

「あの、機械で歯をがりがり削られるのは痛くて……」

（ちなみに、この青年は自宅でも豆腐以外は口にしないとのこと……まだ生きているのかどうか……）


さて、ここであなたに質問です。あなたなら、虫歯になったら歯医者に行きますか？

なるべく早く行く。

悪化してから行く。

行かない。

たぶん、ほとんどの方は「行かない」以外を選ばれたと思います。

ならば次の質問です。

歯医者に行ってから、どんなことを考えますか？

ここの歯医者は上手かな？　下手かな？　痛くないようにしてくれるかな？　我慢できんかったらどうしようかな？　帰ろうかな……。

それとも、ちょっとは気になるけど、ここまで来たからにはまな板の鯉《こい》じゃ。好きに料理してもらおう。痛いのは一瞬で、あとがラクになる。漫画の本でも読もお〜っと……。

今度はどちらを選ばれましたか？

後者の人は、痛んだのはほんの一瞬だったでしょうが、前者の人は、治療を受けるまでの長時間にわたって苦しんだことでしょう。

暑いのも寒いのも雨の日も朝礼も営業開始時刻も、それを〝苦〟と考えずに自ら立ち向かっていくのなら、苦は毛ほども感じないでしょう。

しかし、そのことばかりを気にしていると、苦の重圧であなたは押しつぶされるでしょう。

仕事は言うに及ばず、どんな苦労も、面倒なことも、進んでやれば、〝苦〟は百分の一に減少するものです。いやいややれば、「苦」は百倍にも千倍にも膨張するでしょう。

〝苦〟には、こちらから向かっていきませんか――？

売れない原因（十一）　あきらめ癖がついていないか？

営業の究極は、「あきらめない！」ということです。

あきらめないと決めていれば、どんな相手をも落とせます。知恵が、勇気が、トークが泉のごとくわいてきます。

ほとんどの営業マンは、あきらめないと決めていないから相手の断り文句を〝真に受けて、それをあきらめるための口実にしてあきらめようとする。

こちらがあきらめなければ、相手が「そこまで言うのなら……」と、自分に口実をもうけてあきらめる——。

このあきらめないという信念は、何によってつちかわれるのか。それはその人の「習慣」です。

何でもない日常の出来事であっても、ひとたびやりかけたことは、ことの大小にかかわらず最後までやり通す。それが習慣化していれば、ふだんの〝習慣の延長〟で相手は落ちる！

やりはじめたことは、やりおえるまで、何があってもけっしてやめない、という習慣をつけませんか？

以上の十一か条は、基本的には上司が部下をチェックする目的でつくったものですが、もちろん自己診断に応用することも可能です。

最近売り上げがいまいちだな、伸び悩んでいるなと感じたときは、このリストを見返してください。必ずや、あなたが行き詰まっている原因が見つかることでしょう。

少年・加賀田晃に衝撃と感動を与えた中村久子の人生訓

常識なんてクソクラエ、世の中に不可能は何一つない――。

加賀田式セールスの根幹を支えるこの哲学を、私は三名の偉人から教わりました。

本書のしめくくりとして、若き日の私に多大なる気づきを与えてくれた恩人たちの話をしたいと思います。

一人目の恩人は「だるま娘」こと中村久子さんです。幼少時に凍傷が原因で両手両足を切断し、いわゆる〝見世物小屋〟の芸人として働いていた方です。

中学生のころだったでしょうか。はじめて中村久子さんの姿を目にしたとき、あまりの驚きに眼球が飛び出しそうになりました。

顔だけを見れば柔和な、上品そうなおばあさんです。ところがその下にはあるべきはずの両手両足がない。それだけでも十分に衝撃的でしたが、彼女が見せてくれた技は私をさらに驚愕《きょうがく》させました。

「私は見世物が生業《なりわい》ではございません。私は職業をもっています。これです」

中村さんはそう言うと、ピンと張った十数センチの麻糸を口にくわえました。そしてもぐもぐと口を動かしたかと思うと、次の瞬間、彼女の口からきれいなチョウチョ結びになった麻糸が現れたのです。私は度肝を抜かれた。

さらに彼女は「私は朝起きてから夜寝るまで、食事も掃除も何でも自分のことはぜんぶ自分でしております。たとえば縫い物は……」と言って針と糸を口に入れ、口の中で針に糸を通してみせた。その針糸と肩を使って実際に布を縫ってみせた。私は腰を抜かすほど驚きました。

そして中村さんは最後に筆をくわえ、大きな紙に〝座右の銘〟を書きました。

そこに何が書かれていたか――私は一生忘れません。

為せば成る為さねば成らぬ何事も
成らぬは人の為さぬなりけり
――中村久子

それを見て私は思いました。

世の中、やってできないことは何一つないと。

当時の私は人生でもっとも多感な、染まりやすい時期でした。それもよかったのでしょう。私は心の底から中村さんの言葉を信じ、世の中に不可能はないと思い込むことができました。

だから私は中村久子さんに感謝したい。私が何事にも不屈の精神で挑んでくることができたのは、たぶんに中村久子さんのおかげです。

モハメド・アリが教えてくれた勝利への執念

二人目の恩人は、歴史に残る名ボクサー、カシアス・クレイ――一般的には、改名後のモハメド・アリのほうが有名でしょうか。

デビュー当時の彼は〝ホラ吹きクレイ〟と呼ばれていました。自分よりはるかに強い相手と戦うときに、「あいつはフック一発でマットに沈むだろう」とか「きょうは三ラウンド以内にＫＯしてみせよう」などと大口をたたくからです。

これが何ともカッコよく、彼は一躍人気者になりました。

やがて彼は、予告どおりに格上の相手をＫＯするようになり、ホラはホラではなくなっていきます。

クレイ人気はますます高まり、それに比例するかのように実力も磨かれて、彼はとうとうヘビー級のチャンピオンにまで上り詰めました。

ところがクレイは兵役を拒否したことからチャンピオンベルトをはく奪され、試合に出ることすらできなくなってしまいます。三年以上の月日が流れ、ようやく復帰が許されたとき、クレイことモハメド・アリはすでに二十代後半になっていました。

アリがリングを離れていた間、新王者となっていたのは〝史上最強のハードパンチャー〟といわれたジョージ・フォアマンです。

何と全戦全勝、全KOという戦績の持ち主です。かつて、これほどのチャンピオンが地球上に一人でも存在したでしょうか？

アリはフォアマンとの対戦を熱望しましたが、周囲はみんな大反対。おまえは強いがフォアマンはもっと強い。ボクサーとしての全盛を過ぎたアリでは勝てるわけがないというのです。

アリはフォアマンのスパーリング相手を自分の陣営に引き抜いて、弱点を聞き出そうとしました。

しかし彼の答えは絶望的なものでした。フォアマンに死角はない。何度死にかけたかわからない。どちらが勝つかって？　おれなら迷わずにジョージに賭けるさ……。

それでもアリはあきらめませんでした。

何か方法はあるはずだ、勝利への道は残されているはずだと考え抜きました。そしてついにアリは発見します。

それはフォアマンはいまだかつて、一度も十二ラウンドを戦ったことがないという
こと——。つまり、スタミナ配分の経験がないということを——。

こうして迎えたフォアマンとの対戦本番、アリはひたすら防御に徹しました。サン
ドバッグのように打たれつづけ、客席からブーイングをあびながらもガードを崩さな
かった。そしてフォアマンがへとへとに疲れ果てたとき、ついに反撃！　八回のゴン
グが鳴るや、嵐《あらし》のような速射砲で、ついに巨人倒れる！

アリの大ファンだった私は、テレビにかぶりつくようにこの試合を見ていました。
感動しました。

絶対不利といわれた下馬評をくつがえし、ジョージ・フォアマンがマットに大の字
になった瞬間は鳥肌が立ちました。そして、あらためて思いました。

世の中に不可能はない、必ず道はある——！

この試合の様子はのちに映画にもなりました。

映画のラストシーン、アリはスパーリング相手の若者といっしょに、夕暮れの海岸

沿いをランニングします。

アリがふと振り返ると、相棒の若者が走り疲れてヤシの木陰でへばっている。アリは彼のもとまで戻って、その場でランニングしながら、

「もうダメだダメだと思ったときで、やっと限界の半分だ。あと半分は走れる！」

そんなふうに言い残して、夕日をバックに黙々と走り去っていく——。

この最後の一言で、私まで倒れた！

もうダメだと思ったときで、やっと限界の半分だ！

私は何度もその言葉をかみしめ、自分もかくあるべしと決意を新たにしたのです。

世の中を自分に合わせた本田宗一郎の生きざま

最後の一人は本田宗一郎氏、いわずとしれた世界のホンダの創業者です。

私は中学生のころから、成功したい、金持ちになりたいという一心で、心理学や成

功者の伝記、ハウツー本などを読みあさっていました。

それであるとき、たまたま本田宗一郎氏の本を手に取った。そのなかでこんなことが紹介されていました。


わけのわかった人は、世の中に自分を合わせる。

わからず屋は、世の中を自分に合わせようとする。

だから世の中のすべての進歩は、わからず屋のおかげである。


――名言だと思いませんか？

彼が会社を立ち上げた当初、地球上にはまだバイクという乗り物は存在しませんでした。世界ではじめてバイクをつくったのが本田宗一郎という男です。

彼はまず自転車に小さなエンジンをつけることを思いつき、それが成功すると、次はもっと速く走れるものをつくろうと思い、やがて現在のようなバイクを生み出すに至りました。

まさに、世の中を自分に合わせ、世の中を進歩させたというわけです。

私は本田氏の生きざま、考え方に感銘を受けました。これが男だと思いました。だれかが敷いてくれたレールに乗っかり、他人が言うとおりに生きる。それじゃ単なる歯車や！

人が右を向けと言えば右を向き、左と言えば左を向く。そんなのはその他大勢の通行人、十っぱひとからげの人間や！

主人公は人に従うんじゃなく、人を自分に従わせるもんや。おれは一生人には従わん。一生主人公でいこう——。

私にそう思わせてくれた大きなきっかけが、この名言でした。

だから私はどんな商品を売るときも、いつだってわからず屋の主人公です。

不動産のような高額商品を即決で売るのは無理だとか、ご主人と相談したいと言っているのに奥さんだけで決めさせようとするのはむちゃだとか、それじゃあ押し売りだとか、普通の人はそう思ってあきらめる場面でも、私はあきらめない！

私は常識にとらわれない。
私は人のやり方に従わない。
私はどんな商品でも売ることができる。
私に不可能はない――。

私にその自信を、哲学を与えてくれた三人の偉人に心からの感謝と敬意を表し、本日のペンをおきます。

合掌！

おわりに

つい先日のこと、

「今度生まれてくるとしたらどんな仕事をしたいですか？　また営業をしますか？」

という質問を受けた。

十秒ほど瞑想《めいそう》してから答えた。

「そうね……やっぱり営業かな……」

六十六年の人生で、さまざまなことがありました。

貧しい少年時代。「もう来んでください」と言われて中学校を三年で中退し、十五歳から働きはじめたブルーカラー時代。二十三歳から飛び込んだ営業時代。そして三十九歳から今日に至るまでの企業研修時代。と、こう書けばわずか二行半の人生だが、ことはそう単純ではなかった――。

いろいろあったが、あらためて振り返ってみると、私の人生でもっとも輝いた瞬間は、やはりというか、営業を始めて一軒目で売れて、その家を出たとたん、まるで私の門出を祝福するかのように町の風景が、文字どおり目にまばゆいほど光輝いていたこと――。

いままでの人生でうれしかったこと、感激したこと、幸せだな～と思ったことは幾百千とあったろうが、「このまま死んでもいい」と思ったのは、いつの場合も営業で全エネルギーを使い果たし、死闘のすえ大勝利（売った）を収めたその刹那《せつな》だった。

営業ではじめて自分らしく生きる〝術《すべ》〟を知り、営業というスリリングな心理ゲームで、次々と相手を打ち負かす快感に酔いしれ、営業を通して人生というあらゆるエキスの杯を滓《かす》の滓まで飲み干しおおせた――。

営業の神に感謝。

いままでお世話になったすべての方に感謝。

その万分の一の恩返しに、私が少々持ち合わせている営業術をあなたにお譲りしたい。

一つでも二つでもお受けいただけるのなら冥土《めいど》への置き土産《みやげ》、これにすぐるものはありません――。

加賀田 晃（かがた・あきら）

1946年、和歌山県生まれ。営業セミナー講師。

小学校4年生から新聞配達を始める。出会う人すべてに新聞の勧誘をしたことが、のちの「加賀田式セールス」の基礎となる。

23歳から営業の世界に入り、初日からノーミスで契約をとりつづける。不動産、学習図書など17社で営業を経験し、そのすべてでトップを記録、驚異の「契約率99％」を誇った。もっとも長い期間では、学習図書の飛び込み営業で約1年間パーフェクト（契約率100％）の記録を樹立した。

1985年より「加賀田式セールス」研修を開始。これまでのべ800社以上、3万人以上の受講者にそのノウハウを伝授し、数多くの営業のスーパースターを育て上げてきた。研修を受けた企業の売り上げは軽く倍増、なかには一気に10倍になった企業もある。驚異的な伝説の数々に、いつしか「営業の神様」と呼ばれるようになる。

初の著書『営業マンは「お願い」するな！』（小社）は20万部を超えるベストセラーとなった。


営業マンは「商品」を売るな！

2013年4月5日　初版発行
2013年4月20日　第2刷発行

著　者　加賀田　晃
発行人　植木宣隆
発行所　株式会社サンマーク出版
東京都新宿区高田馬場2-16-11
電話　03-5272-3166
印　刷　共同印刷株式会社
製　本　株式会社若林製本工場

ISBN978-4-7631-3260-4　C0030
ホームページ　http://www.sunmark.co.jp
携帯サイト　http://www.sunmark.jp

サンマーク出版のベストセラー

心を上手に透視する方法

トルステン・ハーフェナー【著】 福原 美穂子【訳】

けっして、悪用しないでください。

たとえ一言も話さなくても、相手の考えていることがわかる門外不出の「マインド・リーディング」のテクニックを初公開。

- 目が動いた方向によってわかる、これだけのこと
- 瞳孔の大きい女性が、とびきり魅力的に見えるワケ
- 二つの指示を組み合わせると、相手は言うことを聞く
- 相手の思い浮かべている人を当てるゲーム
- 握手をすると、嘘をつく人が半分に減る!?
- 「成功している人たち」がまったく使わない言葉
- 「腕のいい占い師」が使っている質問方法
- 相手と親密になるための「視線」の使い方
- 確実に暗示にかけるための「四つの法則」
- 透視で大切なのは「思いやり」である

四六判並製／定価＝本体1500円＋税

電子版はKindle、楽天〈kobo〉、App Store（サンマークブックス）で購読できます。